TEORÍA COGNITIVA DE LA DEPRESIÓN

UNA GUÍA DE LA PSICOLOGÍA BECKIANA

TABLA DE CONTENIDO

INTRODUCCIÓN A LA TEORÍA COGNITIVA DE LA DEPRESIÓN

Fundamentos teóricos

Al profundizar en los fundamentos teóricos de la teoría cognitiva en la depresión, es fundamental reconocer la obra seminal del Dr. Aaron Beck, cuyas contribuciones han moldeado significativamente el panorama de la comprensión psicológica y las modalidades de tratamiento para los trastornos depresivos. La investigación y los conocimientos pioneros de Beck sentaron las bases de lo que hoy se ha convertido en una piedra angular en el campo de la psicología clínica. El marco de la teoría cognitiva gira en torno al concepto fundamental de que nuestros pensamientos y creencias sobre nosotros mismos, el mundo y el futuro influyen en nuestras emociones y comportamientos. Esta tríada cognitiva, compuesta por las perspectivas personales sobre uno mismo, el entorno y el futuro, constituye la base del paradigma teórico de Beck. Con énfasis en la interacción entre cognición, emoción y comportamiento, la teoría postula que los patrones de pensamiento distorsionados y negativos dan lugar a experiencias emocionales desadaptativas y acciones disfuncionales, perpetuando así el ciclo de la depresión. Al explorar exhaustivamente los fundamentos cognitivos de la sintomatología depresiva, este enfoque proporciona información crucial sobre los mecanismos que subyacen al inicio y el mantenimiento de los estados depresivos. Además, los fundamentos teóricos abarcan un análisis exhaustivo de los pensamientos automáticos, que son cogniciones espontáneas que a menudo reflejan una percepción sesgada y distorsionada de la realidad. Estos pensamientos automáticos, que surgen con frecuencia en respuesta a ciertos desencadenantes o situaciones, se han identificado como determinantes clave en la configuración de las respuestas afectivas y los patrones de comportamiento de las personas. Un elemento central de la teoría es la noción de que estas distorsiones cognitivas, como la personalización, la sobregeneralización y el pensamiento catastrófico, ejercen una profunda influencia en el bienestar emocional del individuo. Asimismo, el modelo cognitivo postula la existencia de creencias o esquemas fundamentales subyacentes, que son estructuras cognitivas profundamente arraigadas y perdurables que representan las creencias fundamentales sobre uno mismo, el mundo y el futuro. Estas creencias fundamentales, desarrolladas predominantemente durante los años de formación, contribuyen a la formulación de temas cognitivos recurrentes, influyendo en las percepciones e interpretaciones que las personas hacen de sus experiencias. Asimismo, la teoría dilucida el papel de los sesgos cognitivos, explicando cómo las personas atienden, interpretan y recuerdan selectivamente la información de forma que se alinea con sus marcos cognitivos existentes. Estos sesgos refuerzan las cogniciones negativas, perpetuando el ciclo de síntomas depresivos. Al integrar hallazgos empíricos y observaciones clínicas, los fundamentos teóricos de la teoría cognitiva proporcionan una comprensión integral de la compleja interacción entre la cognición, la emoción y la conducta en el contexto de la depresión, ofreciendo información invaluable sobre la naturaleza de los trastornos depresivos y allanando el camino para intervenciones y estrategias terapéuticas específicas.

Principios de la teoría cognitiva

La teoría cognitiva postula varios principios fundamentales que sustentan su enfoque para comprender y tratar la depresión. En esencia, la teoría enfatiza el papel fundamental de la cognición en la formación de emociones y comportamientos, considerando la salud mental a través de los procesos cognitivos. Un principio clave es el concepto de pensamientos automáticos, donde las personas experimentan cogniciones rápidas e incontroladas que influyen directamente en su estado de ánimo y percepción de los eventos. Estos pensamientos automáticos a menudo presentan distorsiones cognitivas, como el pensamiento de todo o nada, la sobregeneralización o la personalización, que contribuyen al mantenimiento de los síntomas depresivos.

Además, la teoría cognitiva destaca la importancia de las creencias o esquemas fundamentales subyacentes, que sirven como marcos cognitivos que influyen en cómo las personas interpretan y responden a sus experiencias. Estas creencias fundamentales suelen desarrollarse en las primeras etapas de la vida y pueden volverse rígidas, guiando la percepción que las personas tienen de sí mismas, de los demás y del mundo. A menudo, constituyen la base de los patrones recurrentes de pensamiento negativo observados en la depresión. Además, la teoría subraya la influencia de los sesgos cognitivos, en los que las personas prestan atención selectiva a la información que coincide con sus creencias negativas, mientras que ignoran o descartan la evidencia contraria.

El principio de la conceptualización cognitivo-conductual es fundamental para la teoría cognitiva, y enfatiza la formulación de conceptualizaciones de casos individualizados que identifican los patrones y mecanismos cognitivos específicos que sustentan los síntomas depresivos de un individuo. Esta evaluación exhaustiva guía la aplicación posterior de intervenciones cognitivas específicas para modificar los procesos cognitivos desadaptativos y fomentar patrones de pensamiento más adaptativos. La teoría también reconoce el papel de las estrategias de afrontamiento y las habilidades de resolución de problemas en la gestión de los desafíos cognitivos y emocionales.

La teoría cognitiva propone el concepto de indefensión aprendida, explicando cómo las experiencias negativas recurrentes pueden llevar a las personas a percibir una falta de control sobre sus circunstancias, lo que contribuye a sentimientos de desesperanza y agrava los síntomas depresivos. Además, la teoría explica el papel de la rumia, un proceso en el que las personas se obsesionan repetidamente con pensamientos y emociones negativas, perpetuando el ciclo de la depresión.

El énfasis de la teoría cognitiva en la colaboración entre terapeuta y paciente, así como su naturaleza estructurada y orientada a objetivos, la distinguen como un marco terapéutico eficaz para la depresión. Al integrar estos principios en la práctica clínica, los terapeutas cognitivos buscan facilitar cambios significativos en el procesamiento cognitivo y el bienestar emocional de los pacientes, aliviando así el sufrimiento y promoviendo la resiliencia a largo plazo.

Importancia en la salud mental

Al enfatizar el papel de los pensamientos, las creencias y las interpretaciones en la configuración de las experiencias emocionales, la teoría cognitiva ofrece valiosas perspectivas sobre los mecanismos subyacentes a los síntomas depresivos. Esta comprensión es crucial para los profesionales de la salud mental, ya que orienta el desarrollo de intervenciones específicas que abordan los procesos cognitivos específicos que contribuyen a los estados depresivos.

La aplicación de la teoría cognitiva en la salud mental trasciende el tratamiento individual y abarca implicaciones sociales más amplias. Al reconocer el impacto de las distorsiones cognitivas y los esquemas desadaptativos en el bienestar individual, los profesionales de la salud mental pueden contribuir a las iniciativas destinadas a promover la resiliencia psicológica y prevenir la aparición de trastornos depresivos. Mediante la educación y la concienciación, la integración de los principios cognitivos en el discurso de la salud mental tiene el potencial de empoderar a las personas para que reconozcan y desafíen los patrones de pensamiento negativos, promoviendo así una sociedad más sana mentalmente.

La importancia de la teoría cognitiva en la salud mental se ve subrayada por su compatibilidad con prácticas e intervenciones basadas en la evidencia. El respaldo empírico a los enfoques cognitivo-conductuales para abordar la depresión confirma la relevancia de la teoría cognitiva para orientar la toma de decisiones clínicas y la planificación del tratamiento. Esta coherencia con los hallazgos de la investigación mejora la credibilidad y la eficacia de las intervenciones, lo que en última instancia beneficia a las personas que luchan contra la depresión.

Además, la relevancia de la teoría cognitiva en la salud mental subraya su utilidad en entornos multidisciplinarios. Su adaptabilidad y aplicabilidad en diversas modalidades terapéuticas facilita la colaboración entre profesionales de diferentes disciplinas, lo que resulta en una atención integral y holística para las personas con depresión. Este enfoque interdisciplinario promueve evaluaciones e intervenciones integrales que consideran las dimensiones cognitivas de la depresión, junto con factores biológicos, sociales y ambientales, optimizando así los resultados del tratamiento.

En definitiva, la importancia de la teoría cognitiva en la salud mental reside en su capacidad para generar esperanza y empoderamiento. Al dilucidar la modificabilidad de los patrones cognitivos y el potencial de reestructuración cognitiva, este marco teórico ofrece un mensaje de optimismo a las personas que enfrentan las complejidades de la depresión. Mediante intervenciones específicas basadas en la teoría cognitiva, los profesionales de la salud mental pueden guiar a las personas hacia la recuperación de sus procesos de pensamiento y emociones, fomentando una sensación de control y el progreso hacia la recuperación.

Componentes clave de la teoría

En la teoría cognitiva de la depresión, varios componentes clave contribuyen a comprender cómo las personas desarrollan y experimentan los síntomas depresivos. En primer lugar, los pensamientos automáticos desempeñan un papel crucial en esta teoría. Se trata de patrones de pensamiento repetitivos y espontáneos que surgen en respuesta a situaciones o desencadenantes específicos, y que a menudo influyen en las emociones y los comportamientos. Los pensamientos automáticos pueden ser negativos, autocríticos o pesimistas, y con frecuencia contribuyen a percepciones distorsionadas de la realidad.

Otro componente esencial son las distorsiones cognitivas. Según la teoría, las personas con depresión suelen experimentar una o más distorsiones cognitivas, como la sobregeneralización, el catastrofismo, la magnificación y la personalización. Estas distorsiones llevan a las personas a percibir los acontecimientos de forma distorsionada y, a menudo, exagerada, perpetuando sentimientos de tristeza, desesperanza y desesperación.

Las creencias y esquemas centrales también forman componentes fundamentales de la teoría cognitiva de la depresión. Las creencias centrales son creencias fundamentales profundamente arraigadas sobre uno mismo, los demás y el mundo, mientras que los esquemas son marcos cognitivos que organizan e interpretan la información. En el contexto de la depresión, las creencias centrales desadaptativas y los esquemas negativos pueden influir significativamente en la percepción que una persona tiene de sí misma, de sus experiencias y de su futuro, contribuyendo así al mantenimiento de los síntomas depresivos.

La teoría destaca la importancia de la tríada cognitiva, que consiste en visiones negativas de uno mismo, del mundo y del futuro. Esta tríada refleja los patrones de pensamiento negativo generalizados que caracterizan la depresión, lo que lleva a las personas a tener una visión sombría de la vida y a una menor autoestima.

Además, la teoría cognitiva enfatiza el papel de los procesos cognitivos en la regulación emocional. Específicamente, propone que los procesos cognitivos disfuncionales resultan en una mayor reactividad emocional y una menor capacidad para gestionar eficazmente las emociones negativas. Este desequilibrio en el procesamiento emocional contribuye a la perpetuación de los síntomas depresivos y al desarrollo de estrategias de afrontamiento desadaptativas.

Finalmente, la teoría incorpora el concepto de reestructuración cognitiva como componente clave. La reestructuración cognitiva implica identificar y desafiar patrones de pensamiento

Una comparación destacada se puede hacer con la teoría psicodinámica, que postula que los conflictos inconscientes y las experiencias tempranas de la vida influyen considerablemente en el bienestar emocional y el comportamiento del individuo. Si bien el énfasis en los procesos inconscientes constituye una divergencia clave con respecto a la teoría cognitiva, ambos enfoques reconocen la relevancia de los procesos cognitivos internos en la configuración de las experiencias emocionales. Sin embargo, la teoría cognitiva difiere en su enfoque en patrones de pensamiento identificables y modificables, lo que representa un objetivo más tangible para la intervención terapéutica en comparación con los constructos abstractos de la teoría psicodinámica.

Existe otro contraste notable al yuxtaponer la teoría cognitiva con la teoría conductual. La teoría conductual enfatiza el papel de los estímulos externos y las experiencias de aprendizaje en la determinación del comportamiento y las emociones. La teoría cognitiva, por otro lado, destaca el papel central de los procesos cognitivos, como las percepciones, las atribuciones y las creencias, en el impulso de las respuestas emocionales y el comportamiento. También reconoce la interpretación individual de los eventos, en lugar de centrarse únicamente en las conductas observables. No obstante, las terapias contemporáneas suelen integrar elementos de técnicas cognitivas y conductuales, reconociendo la importancia de abordar tanto los procesos cognitivos internos como las respuestas conductuales externas.

La teoría cognitiva difiere de las teorías biológicas de la depresión, que enfatizan las bases neuroquímicas y neurológicas de los trastornos de salud mental. Si bien estas perspectivas ofrecen información valiosa sobre los aspectos fisiológicos de la depresión, la teoría cognitiva la complementa al reconocer la interacción entre los factores biológicos y los procesos cognitivos, lo que arroja luz sobre cómo las cogniciones e interpretaciones de un individuo influyen en su experiencia vivida con la depresión.

Implicaciones para el tratamiento

Partiendo de la premisa de que los pensamientos distorsionados y los patrones cognitivos desadaptativos contribuyen a la aparición y el mantenimiento de los síntomas depresivos, la terapia cognitiva se ha consolidado como un enfoque destacado en el tratamiento de la depresión. Al abordar los procesos de pensamiento negativos, las creencias irracionales y los esquemas disfuncionales que subyacen a los episodios depresivos, este modelo terapéutico ofrece implicaciones prácticas para las intervenciones clínicas. Un aspecto clave del tratamiento es la reestructuración cognitiva, cuyo objetivo es identificar y desafiar los patrones de pensamiento irracionales y negativos característicos de la depresión. Mediante técnicas como el reencuadre cognitivo, se anima a los pacientes a reevaluar sus pensamientos automáticos y a adoptar patrones de pensamiento más equilibrados y constructivos, reduciendo así la gravedad de los síntomas depresivos. Además, el énfasis en la identificación y modificación de las distorsiones cognitivas permite a los terapeutas dotar a las personas de habilidades de afrontamiento adaptativas y resiliencia ante futuras recaídas. Asimismo, la terapia cognitiva enfatiza el empirismo colaborativo, en el que los terapeutas trabajan con los pacientes para recopilar evidencia que cuestione sus interpretaciones y creencias negativas. Este enfoque sistemático no solo empodera a las personas para participar activamente en su propia recuperación, sino que también fomenta un sentido de autoeficacia y autonomía en el manejo de su salud mental. La naturaleza personalizada de la terapia cognitiva permite planes de tratamiento personalizados que abordan las vulnerabilidades cognitivas individuales, mejorando así la eficacia de las intervenciones. Además, la integración de técnicas de activación conductual en la terapia cognitiva sirve para contrarrestar las conductas de retraimiento y evitación comúnmente asociadas con la depresión, promoviendo así la participación en actividades significativas y reforzando las experiencias positivas. La naturaleza transdiagnóstica de las teorías cognitivas también permite abordar afecciones comórbidas y presentaciones complejas que se observan a menudo en entornos clínicos, presentando un enfoque holístico del tratamiento. Como resultado, las aplicaciones tangibles y versátiles de la teoría cognitiva en el ámbito del tratamiento subrayan su relevancia y eficacia en la práctica clínica.

Conceptos erróneos comunes y aclaraciones

Los conceptos erróneos comunes sobre la teoría cognitiva de la depresión a menudo surgen debido a la falta de comprensión de sus principios fundamentales. Un malentendido frecuente es la simplificación excesiva de la teoría cognitiva, limitándola a centrarse únicamente en el "pensamiento positivo" o el "cambio de mentalidad". En realidad, la teoría cognitiva implica un análisis mucho más matizado de los patrones de pensamiento, las creencias fundamentales y las distorsiones cognitivas que contribuyen al desarrollo y mantenimiento de los síntomas depresivos. Es fundamental aclarar que la terapia cognitiva no minimiza el impacto de factores externos como el trauma, las condiciones socioeconómicas o las predisposiciones neurológicas en la depresión, sino que reconoce la relación recíproca entre estas influencias externas y los procesos cognitivos internos. Otro concepto erróneo es la creencia de que la terapia cognitiva atribuye la responsabilidad exclusiva de la depresión a los pensamientos, ignorando la multitud de factores contribuyentes. Sin embargo, la teoría cognitiva reconoce la naturaleza multifacética de la depresión, incorporando factores ambientales, genéticos y neurobiológicos en su marco.

Existe la idea errónea de que la terapia cognitiva subestima la importancia de las emociones en la experiencia de la depresión. De hecho, la teoría cognitiva enfatiza la interacción entre cogniciones y emociones, destacando cómo los patrones de pensamiento desadaptativos pueden influir en los estados emocionales y viceversa. Es importante comprender que la terapia cognitiva no busca invalidar ni suprimir las emociones, sino modificar los procesos de pensamiento disfuncionales que perpetúan las experiencias emocionales negativas. Además, algunos pueden malinterpretar la terapia cognitiva como un enfoque demasiado simplista que ignora las influencias culturales y sociales en la salud mental. Por el contrario, la teoría cognitiva anima a los profesionales clínicos a reconocer la diversidad cultural y las dinámicas sociales para comprender y abordar la depresión, reconociendo que las experiencias individuales se ven moldeadas por factores contextuales más amplios.

Abordar estos conceptos erróneos es fundamental para promover una comprensión más precisa de la teoría cognitiva y sus aplicaciones en el tratamiento de la depresión. Al aclarar estos conceptos erróneos, tanto los profesionales clínicos como las personas que buscan terapia pueden apreciar mejor la naturaleza integral e integradora de la terapia cognitiva. De este modo, podemos promover intervenciones terapéuticas más eficaces y reducir el estigma que rodea el uso de enfoques cognitivos en la atención de la salud mental.

CONTEXTO HISTÓRICO Y DESARROLLO POR AARON BECK

Orígenes de los conceptos cognitivos en psiquiatría

Los orígenes de los conceptos cognitivos en psiquiatría se remontan a principios del siglo XX, cuando pensadores influyentes como Sigmund Freud y Carl Jung comenzaron a explorar la relación entre los patrones de pensamiento y el bienestar emocional. Mientras que las teorías psicoanalíticas tradicionales enfatizaban el papel de los impulsos inconscientes y las experiencias de la primera infancia, emergía una corriente de pensamiento paralela que buscaba comprender el impacto de los procesos cognitivos conscientes en la salud mental.

Una de las figuras clave de este período fue Otto Rank, cuyo trabajo sobre el papel de la autopercepción y la importancia de la voluntad individual en la formación de las emociones sentó las bases para la posterior integración de los conceptos cognitivos en el discurso psiquiátrico. El énfasis de Rank en la interpretación subjetiva de las experiencias y la influencia de las narrativas personales en los estados emocionales brindó una visión temprana de la posible relevancia de los marcos cognitivos en el campo de la psiquiatría.

Además, el movimiento existencialista, con figuras destacadas como Viktor Frankl y Rollo May, subrayó los dilemas existenciales que enfrentan las personas y destacó la importancia de la construcción subjetiva de significados para la gestión del malestar psicológico. La perspectiva existencialista acentuó aún más la naturaleza interactiva de la cognición y las emociones, sentando las bases para la incorporación gradual de conceptos cognitivos en el ámbito de la investigación y la práctica psiquiátricas.

A medida que el campo evolucionó, las obras de psicólogos influyentes como Jean Piaget y Lev Vygotsky dieron origen a teorías del desarrollo que arrojaron luz sobre la naturaleza progresiva de la maduración cognitiva y su impacto en la regulación emocional. Sus perspectivas no solo enfatizaron la interacción dinámica entre el crecimiento cognitivo y la resiliencia emocional, sino que también allanaron el camino para examinar cómo los patrones cognitivos desadaptativos podrían intersectar con los trastornos emocionales.

El auge del conductismo, en particular el trabajo de BF Skinner y John B. Watson, catapultó el estudio de las conductas observables a la vanguardia de la investigación psicológica. Sin embargo, también desencadenó una búsqueda conjunta para profundizar en los mecanismos cognitivos internos que mediaban entre los estímulos y las respuestas. Este creciente interés en la "caja negra" de la mente impulsó a los investigadores a desentrañar los fundamentos cognitivos de los trastornos emocionales y marcó un hito crucial en la integración de los conceptos cognitivos en las consideraciones psiquiátricas.

Las primeras contribuciones de Aaron Beck a la psicología

Aaron Temkin Beck, nacido en Providence, Rhode Island, en 1921, realizó importantes contribuciones tempranas al campo de la psicología, en particular en el área de la teoría y la terapia cognitiva. Tras completar sus estudios de medicina en la Universidad de Yale, Beck pasó de centrarse en el psicoanálisis a ser pionero en un nuevo enfoque centrado en la comprensión de las bases cognitivas de los trastornos emocionales. Cabe destacar que, durante su estancia en la Universidad de Pensilvania, Beck comenzó a explorar el papel de los pensamientos automáticos en la formación de las emociones, lo que sentó las bases de su influyente teoría de las distorsiones cognitivas. Mediante una meticulosa observación y trabajo clínico, Beck descubrió que las personas con depresión a menudo exhibían un patrón de pensamientos automáticos negativos, lo que condujo al desarrollo de lo que posteriormente se conocería como técnicas de reestructuración cognitiva en terapia. Fue esta revolucionaria perspectiva la que catalizó un cambio de paradigma en la conceptualización y el tratamiento de los trastornos psicológicos. Las primeras contribuciones de Beck también se extendieron al ámbito de las metodologías de investigación, y su desarrollo de nuevos instrumentos para evaluar la depresión y la ansiedad resultó fundamental para impulsar las investigaciones empíricas. Su publicación fundamental, "Terapia Cognitiva y los Trastornos Emocionales", publicada en 1976, delineó su modelo integral de terapia cognitiva, proporcionando un marco estructurado que integra eficazmente la teoría y la práctica. Además, el esfuerzo de Beck por fundar el Instituto Beck de Terapia Cognitivo-Conductual ha consolidado su compromiso con la difusión y la formación en terapia cognitiva, asegurando que su influencia perdure más allá de sus propios compromisos clínicos y académicos. La dedicación de Beck al avance del paradigma cognitivo sin duda ha transformado el panorama de la teoría y el tratamiento psicológico, posicionándolo como un pionero cuyas primeras contribuciones siguen resonando en la psicología contemporánea.

La evolución del psicoanálisis a la teoría cognitiva

A mediados del siglo XX, el predominio del pensamiento psicoanalítico en psicología y psiquiatría sentó las bases para un cambio de paradigma significativo. El cambio crucial de Aaron Beck del psicoanálisis a la teoría cognitiva marcó una evolución monumental en la comprensión y el tratamiento de los trastornos de salud mental. Esta transformación se vio impulsada por una creciente insatisfacción con las limitaciones de los enfoques psicoanalíticos tradicionales, que enfatizaban fuertemente los procesos subconscientes y las experiencias de la primera infancia como determinantes primarios del malestar psicológico. El alejamiento de Beck de esta perspectiva freudiana predominante se debió a sus observaciones de que los pacientes a menudo mostraban distorsiones inmediatas y generalizadas del pensamiento que parecían incongruentes con las prolongadas exploraciones de traumas profundos que propugnaba el psicoanálisis. La divergencia de Beck con la sabiduría convencional representó no solo un cambio audaz, sino también un punto de inflexión crítico en el campo de la psicología.

Las ideas florecientes de Beck se profundizaron en su trabajo con pacientes deprimidos. Al profundizar en las complejidades de sus procesos de pensamiento, Beck descubrió una serie de patrones cognitivos y creencias distorsionadas que se manifestaban como factores clave en su sufrimiento emocional. Esta base empírica lo impulsó a conceptualizar la depresión como un trastorno arraigado en el pensamiento desadaptativo, en lugar de emociones reprimidas o conflictos no resueltos, lo que supuso un cambio radical respecto a la ortodoxia psicoanalítica predominante. Además, la observación paralela de Beck de que los pacientes participaban activamente en el mantenimiento de sus estados depresivos mediante autoconversaciones negativas y sesgos cognitivos cuestionó el rol pasivo del paciente que se suele asignar en los marcos psicoanalíticos tradicionales. Estas conclusiones sentaron las bases de lo que finalmente se convertiría en la teoría cognitiva de la depresión, marcando el comienzo de un enfoque pionero que revolucionaría el campo.

La transición del psicoanálisis a la teoría cognitiva representó más que una simple desviación teórica; marcó un cambio radical en el panorama terapéutico. A medida que los métodos tradicionales se enfrentaban a un creciente escrutinio y crítica, la reconceptualización radical de Beck abrió las puertas a nuevas vías de comprensión y tratamiento de los trastornos psicológicos. Al reenfocar la atención en los pensamientos y la conducta observables, la teoría cognitiva proporcionó un cambio refrescante respecto a la naturaleza conjetural y a menudo impenetrable de las interpretaciones psicoanalíticas. Además, esta transición implicó una reorientación fundamental de la práctica clínica, enfatizando la necesidad de intervenciones tangibles dirigidas a las distorsiones cognitivas identificables y los pensamientos automáticos, un enfoque que finalmente se fusionó en el marco empíricamente respaldado de la terapia cognitiva. A través de este cambio, la prominencia, antes dominante, de la teoría psicoanalítica comenzó a decaer, allanando el camino para un enfoque más riguroso y basado en la evidencia que llegaría a definir la intervención psicológica moderna.

Investigación pionera y observaciones clínicas

Durante los años de formación de Aaron Beck, su enfoque en los procesos cognitivos subyacentes a los trastornos emocionales condujo a investigaciones pioneras y observaciones clínicas que transformaron el panorama de la teoría psicológica y la práctica terapéutica. Mediante meticulosos estudios de caso e investigaciones empíricas, Beck comenzó a dilucidar la interacción entre patrones de pensamiento, estados emocionales y respuestas conductuales en personas con depresión. Su investigación pionera no solo proporcionó una nueva perspectiva para comprender la salud mental, sino que también ofreció perspectivas prácticas para la intervención y el tratamiento. Al documentar meticulosamente las distorsiones cognitivas y las creencias disfuncionales prevalentes en sus pacientes, Beck revolucionó el enfoque de la evaluación psiquiátrica y propuso estrategias específicas para abordar los esquemas cognitivos desadaptativos. Además, su énfasis en el empirismo colaborativo permitió integrar las perspectivas y experiencias de los pacientes en el proceso terapéutico, sentando las bases de lo que posteriormente se conocería como terapia cognitiva. Las observaciones clínicas fundamentales de Beck no solo revelaron las bases cognitivas de los trastornos depresivos, sino que también allanaron el camino para el desarrollo sistemático de intervenciones basadas en la evidencia, estableciendo un nuevo estándar para tratamientos psicológicos rigurosos y eficaces. Además, su enfoque holístico para comprender la interconexión entre la cognición, el afecto y la conducta impulsó un cambio de paradigma en el campo, impulsando el abandono de los modelos tradicionales centrados en los síntomas hacia una comprensión más integral del malestar psicológico. La meticulosa documentación de sus hallazgos clínicos, sumada al avance de rigurosas metodologías de investigación, sentó una sólida base empírica para la teoría cognitiva de la depresión. Así, la investigación pionera y las observaciones clínicas de Beck sentaron las bases para un cambio transformador en la conceptualización y el tratamiento de la depresión, moldeando el rumbo de la práctica moderna de la salud mental.

Resistencias iniciales y cambios de paradigma

En sus inicios, la teoría cognitiva de Aaron Beck se enfrentó a una considerable resistencia y escepticismo dentro de la comunidad psicológica. La influencia predominante del psicoanálisis y el conductismo a mediados del siglo XX planteó obstáculos considerables para la aceptación de un nuevo paradigma. El alejamiento de Beck de la tradición psicoanalítica dominante, al priorizar los pensamientos y creencias conscientes sobre los impulsos inconscientes, se topó con una fuerte oposición, ya que muchos consideraban sus ideas excesivamente reduccionistas y simplistas. Además, el campo conductual cuestionaba la eficacia y la relevancia de la cognición para comprender y tratar los trastornos mentales. Esta resistencia a reconocer los procesos cognitivos como fundamentales en la configuración de las experiencias emocionales dio lugar a numerosos debates y cuestionamientos a los fundamentos mismos de la teoría de Beck. Sin embargo, el firme compromiso de Beck con la evidencia empírica inició gradualmente un cambio de paradigma transformador en el campo de la psicología. Mediante investigación rigurosa y observaciones clínicas sistemáticas, Beck demostró que las distorsiones cognitivas y los patrones de pensamiento disfuncionales contribuían significativamente al desarrollo y mantenimiento de la depresión y otros trastornos del estado de ánimo. Esta evidencia revolucionaria no solo desafió los paradigmas existentes, sino que también sentó las bases para una nueva era en la comprensión y el tratamiento de los trastornos psicológicos. Como resultado de estos cambios de paradigma, la terapia cognitiva emergió como un enfoque legítimo e impactante, ganando terreno entre profesionales e investigadores.

Publicaciones influyentes y su impacto

La evolución de la teoría cognitiva, tal como la propugnó Aaron Beck, se ha visto notablemente influenciada por una serie de publicaciones influyentes que no solo dilucidaron el marco teórico, sino que también impulsaron un cambio de paradigma dentro de la comunidad psicológica. Las obras fundamentales de

Beck, como «Terapia cognitiva y los trastornos emocionales» y «Terapia cognitiva de la depresión», proporcionaron una descripción exhaustiva del modelo cognitivo de la psicopatología, describiendo sus principios fundamentales y aplicaciones terapéuticas. Estas publicaciones sirvieron como catalizadores fundamentales para la difusión de la teoría cognitiva en el ámbito académico y clínico más amplio.

El impacto de estas publicaciones trascendió la mera elucidación teórica; impulsaron un movimiento empírico al inspirar investigaciones destinadas a validar y refinar los principios cognitivos. El riguroso enfoque empírico de Beck sentó las bases para estudios posteriores que corroboraron la eficacia de las intervenciones cognitivas para aliviar los síntomas depresivos, consolidando así la posición de la teoría en el ámbito de la práctica basada en la evidencia.

La asimilación de la teoría cognitiva en el discurso psicológico se vio impulsada por la lucidez y accesibilidad de las publicaciones de Beck, lo que facilitó la integración fluida de los conceptos cognitivos en los marcos psicoterapéuticos existentes. Esta accesibilidad democratizó la difusión de los principios cognitivos y los hizo aplicables a una amplia gama de contextos clínicos, fomentando una comprensión integral del papel de la cognición distorsionada en la afectación de los estados emocionales.

Cabe destacar que estas publicaciones no solo resonaron en el ámbito académico, sino que también repercutieron en el ámbito clínico, generando una perspectiva transformadora en la conceptualización y el tratamiento de diversos trastornos psiquiátricos. Al dilucidar la interacción entre la cognición y el afecto, las publicaciones de Beck ofrecieron un cambio radical respecto a las perspectivas psicodinámicas tradicionales, impulsando un renacimiento de los enfoques terapéuticos centrados en la reestructuración cognitiva y el desarrollo de mecanismos de afrontamiento adaptativos.

En última instancia, el impacto de las influyentes publicaciones de Beck radica en su papel como eje para la propagación y validación de la teoría cognitiva, perpetuando su ascenso a una posición preeminente dentro del discurso psicológico contemporáneo.

Integración con las teorías psicológicas existentes

A medida que la teoría cognitiva fue ganando relevancia en el campo de la psicología, su integración con las teorías psicológicas existentes se convirtió en un tema de gran interés académico y clínico. La síntesis de conceptos cognitivos con marcos teóricos consolidados, como el conductismo, el psicoanálisis y la psicología humanista, generó un cambio paradigmático en la comprensión y el tratamiento de los trastornos de salud mental.

Una de las áreas clave de integración fue el conductismo, que tradicionalmente se centraba en las conductas observables y los estímulos externos. La teoría cognitiva de Aaron Beck facilitó una exploración matizada de los procesos cognitivos internos que subyacen a estas conductas, enriqueciendo así la comprensión de los fenómenos psicológicos más allá de las observaciones superficiales. Esta integración condujo al desarrollo de enfoques cognitivo-conductuales que han demostrado eficacia para abordar una amplia gama de trastornos psicológicos.

La integración con las perspectivas psicoanalíticas, que enfatizaban las motivaciones inconscientes y las experiencias tempranas de la vida, proporcionó una dimensión complementaria a la teoría cognitiva. Al reconocer la influencia de las experiencias pasadas y el papel de las estructuras cognitivas inconscientes, los teóricos cognitivos ampliaron la conceptualización de la cognición y la emoción humanas. Esta integración ofreció un marco holístico para comprender la compleja interacción entre los procesos mentales conscientes e inconscientes en la configuración del bienestar psicológico del individuo.

La incorporación del énfasis de la psicología humanista en el crecimiento personal, la autorrealización y la experiencia subjetiva también enriqueció la teoría cognitiva al destacar la importancia de la construcción de significado y las preocupaciones existenciales en el contexto de la depresión y otras psicopatologías. Esta integración fomentó una perspectiva más amplia que abarcaba tanto las distorsiones cognitivas como las interpretaciones subjetivas de las experiencias, subrayando la naturaleza multifacética del malestar psicológico.

La fusión de la teoría cognitiva con los modelos neurobiológicos contribuyó a una comprensión más completa de los fundamentos neuronales de los procesos cognitivos y la regulación emocional. Los avances en neurociencia han dilucidado las conexiones entre las funciones cognitivas, los estados emocionales y los mecanismos neurofisiológicos, aportando respaldo empírico a la interconexión de los factores cognitivos y biológicos en la salud mental.

En esencia, la integración de la teoría cognitiva con diversos marcos psicológicos establecidos no solo amplió el alcance de la comprensión teórica, sino que también mejoró la versatilidad de las intervenciones terapéuticas. Los terapeutas cognitivos pudieron aprovechar diversas tradiciones psicológicas para adaptar intervenciones que abordan las dimensiones cognitivas, emocionales, conductuales y existenciales de la depresión y trastornos relacionados, fomentando así un enfoque más holístico de la atención a la salud mental.

Experimentos y hallazgos fundamentales de Beck

Los experimentos y hallazgos pioneros de Aaron Beck han dejado una huella imborrable en la comprensión y el tratamiento de los trastornos psicológicos. Una de sus contribuciones fundamentales fue su investigación sobre el fenómeno de las distorsiones cognitivas, que consisten en patrones de pensamiento erróneos que contribuyen al mantenimiento de los síntomas depresivos. Mediante una rigurosa investigación empírica, Beck identificó y categorizó sistemáticamente distorsiones cognitivas comunes, como la sobregeneralización, el catastrofismo y la abstracción selectiva. Estos experimentos no solo respaldaron empíricamente su teoría cognitiva de la depresión, sino que también sentaron las bases para el desarrollo de técnicas de reestructuración cognitiva en terapia. Además, la investigación de Beck profundizó en el concepto de pensamientos automáticos, revelando su naturaleza omnipresente al influir en los estados emocionales y el comportamiento. Mediante una observación meticulosa y estudios controlados, Beck ilustró la interacción entre los pensamientos automáticos y la perpetuación de los ciclos depresivos. Además, sus investigaciones subrayaron la naturaleza discriminatoria de estos pensamientos automáticos, arrojando luz sobre cómo las personas con depresión tienden a atender selectivamente a los estímulos negativos, mientras que rechazan las experiencias positivas o neutrales. Esta comprensión integral de los pensamientos automáticos resultó fundamental en la formulación de intervenciones cognitivas destinadas a desafiar y modificar patrones de pensamiento disfuncionales. Los hallazgos de Beck en las áreas de la tríada cognitiva y la teoría de esquemas consolidaron aún más la base empírica de la terapia cognitiva. Al dilucidar la relación triangular entre la visión de uno mismo, el mundo y el futuro, Beck ofreció valiosas perspectivas sobre los fundamentos cognitivos de la depresión. Además, su exploración de los esquemas desadaptativos reveló la influencia de las experiencias tempranas en la formación de creencias fundamentales y el procesamiento cognitivo. Las observaciones empíricas y los estudios experimentales de Beck no solo impulsaron el perfeccionamiento de las técnicas de terapia cognitiva, sino que también enriquecieron el panorama más amplio de la psicoterapia.

Contribuciones al campo más amplio de la psicoterapia

El impacto de Aaron Beck en el campo más amplio de la psicoterapia es profundo y de gran alcance, trascendiendo los límites de su teoría cognitiva de la depresión. Su enfoque innovador para comprender y tratar los trastornos de salud mental ha revolucionado la práctica de la psicoterapia, influyendo significativamente en una amplia gama de modalidades terapéuticas y protocolos de tratamiento.

Una de las contribuciones más significativas de Beck reside en su énfasis en la colaboración y la participación activa entre el terapeuta y el paciente. Al promover una dinámica transparente y participativa durante las sesiones de terapia, Beck transformó las dinámicas de poder tradicionales dentro de la relación terapéutica, empoderando a los pacientes para que asuman un rol activo en su propio proceso de sanación. Este cambio ha tenido un impacto duradero en diversos enfoques terapéuticos, promoviendo un modelo de atención más igualitario y centrado en el paciente en todo el panorama psicoterapéutico.

El desarrollo de Beck de protocolos terapéuticos estructurados y de duración limitada estableció un nuevo estándar de eficiencia y eficacia en las intervenciones psicoterapéuticas. Al introducir marcos sistemáticos y orientados a objetivos para abordar problemas específicos de salud mental, Beck no solo mejoró la rendición de cuentas y la mensurabilidad de los resultados terapéuticos, sino que también sentó las bases para el desarrollo de prácticas basadas en la evidencia dentro de la psicoterapia. La influencia de estas innovaciones se extiende a diversas orientaciones terapéuticas, inspirando la integración de elementos estructurados y de duración limitada en diversas modalidades psicoterapéuticas.

Además, la introducción por Beck de técnicas de reestructuración cognitiva, destinadas a identificar y desafiar patrones de pensamiento desadaptativos, ha sido fundamental para definir el panorama de la psicoterapia contemporánea. Estas técnicas han trascendido los límites de la terapia cognitiva y ahora se incorporan ampliamente a diferentes enfoques terapéuticos, lo que contribuye a una comprensión más integral y holística de la interacción entre la cognición, la emoción y la conducta en el tratamiento de la salud mental.

Las aclaraciones de Beck sobre el papel de los pensamientos automáticos y las distorsiones cognitivas han aportado información invaluable sobre la naturaleza del sufrimiento psicológico, ofreciendo un marco común para comprender y abordar una amplia gama de trastornos emocionales y conductuales en diversas poblaciones clínicas. Como resultado, estos avances conceptuales han permeado la formación y la práctica psicoterapéuticas, enriqueciendo los fundamentos teóricos y las aplicaciones prácticas de numerosas modalidades terapéuticas.

El legado de Aaron Beck en la psicología contemporánea

Uno de los aspectos más significativos del legado de Beck reside en la amplia integración de técnicas de terapia cognitiva en diversas modalidades de tratamiento psicológico. Su énfasis en la identificación y modificación de patrones de pensamiento desadaptativos ha inspirado no solo sesiones específicas de terapia cognitiva, sino también intervenciones terapéuticas más amplias, como la terapia dialéctica conductual (TDC) y la terapia de aceptación y compromiso (ACT). Los principios fundamentales de la reestructuración cognitiva y el empirismo colaborativo desarrollados por Beck se han vuelto omnipresentes, permeando la práctica psicológica contemporánea.

El legado de Beck es evidente en el continuo perfeccionamiento y expansión de las intervenciones cognitivas. Desde el desarrollo de enfoques transdiagnósticos hasta la aplicación de principios cognitivos en contextos novedosos, como las intervenciones digitales de salud mental, la influencia de Beck perdura gracias a los avances continuos que se basan en sus conceptos originales. Tanto investigadores como profesionales clínicos han adoptado y adaptado el marco de Beck para abordar una amplia gama de trastornos psicológicos, garantizando su relevancia y eficacia en los entornos clínicos modernos.

Más allá de las técnicas terapéuticas específicas, el legado de Beck se extiende a la conceptualización más amplia de la psicopatología y la cognición humana. Sus primeras percepciones sobre el papel de las distorsiones cognitivas y los esquemas negativos en la perpetuación del malestar emocional han impulsado cambios de paradigma en la comprensión y el tratamiento de diversos trastornos de salud mental. Mediante su enfoque holístico, que integra componentes cognitivos, emocionales y conductuales, Beck sentó las bases para una comprensión más completa y matizada de la interacción entre los procesos psicológicos.

El legado de Beck resuena en la formación y educación de futuros profesionales de la salud mental. La incorporación de la teoría cognitiva en los programas de posgrado, las iniciativas de formación continua y la supervisión clínica subraya la relevancia de sus contribuciones. Profesionales clínicos de diversas disciplinas se benefician del legado intelectual de Beck, que les proporciona herramientas invaluables para gestionar las complejidades de la experiencia humana y aliviar el sufrimiento individual.

POSTULADOS Y CONCEPTOS CLAVE

Pensamientos automáticos en la depresión

1. Definición y características:

Los pensamientos automáticos, piedra angular de la teoría cognitiva en la depresión, son las cogniciones rápidas e involuntarias que se producen en respuesta a situaciones o estímulos específicos. Estos pensamientos suelen ser breves, frecuentes y muy accesibles, y se manifiestan como la interpretación inmediata que el individuo hace de eventos o experiencias sin racionalización deliberada. Sus características definitorias subrayan su naturaleza impulsiva, carente del razonamiento consciente asociado con el pensamiento reflexivo. Estas cogniciones suelen pasar desapercibidas para el individuo, integrándose a la perfección en la estructura de la conciencia. Además, los pensamientos automáticos son predominantemente negativos y distorsionados, lo que contribuye significativamente al mantenimiento y la exacerbación de los síntomas depresivos. Como componentes fundamentales de las distorsiones cognitivas, estos pensamientos alimentan esquemas desadaptativos y perpetúan el malestar emocional. La identificación y el esclarecimiento de los pensamientos automáticos proporciona información crucial sobre los procesos cognitivos subyacentes a la depresión, arrojando luz sobre la interacción entre la cognición, la emoción y la conducta. Comprender las características definitorias de los pensamientos automáticos es fundamental para formular intervenciones terapéuticas dirigidas a aliviar el malestar y promover la reestructuración cognitiva.

2. El papel de los pensamientos automáticos en las respuestas emocionales:

Los pensamientos automáticos desempeñan un papel crucial en la configuración de las respuestas emocionales de las personas con trastornos depresivos. A medida que las personas gestionan sus experiencias cotidianas, surgen con fluidez e influyen en el panorama emocional, desencadenando sentimientos de tristeza, desesperanza o desesperación. Comprender la conexión entre los pensamientos automáticos y las respuestas emocionales es fundamental para comprender la profundidad de la cognición depresiva. La inmediatez e intensidad de estos pensamientos pueden exacerbar el afecto negativo y perpetuar ciclos de angustia. Además, la naturaleza repetitiva de los pensamientos automáticos refuerza las emociones correspondientes, creando un ciclo de negatividad que se autoperpetúa. Es fundamental reconocer que los pensamientos automáticos no solo impactan las experiencias emocionales, sino que también contribuyen al mantenimiento de los síntomas depresivos. Estos pensamientos suelen distorsionar la realidad y generar sentimientos abrumadores de inutilidad o fracaso, intensificando aún más las respuestas emocionales. Además, la naturaleza subconsciente de los pensamientos automáticos dificulta su identificación y modificación, lo que amplifica su profundo impacto en el bienestar emocional. Al reconocer la influencia de los pensamientos automáticos en la configuración de las respuestas emocionales, tanto las personas como los profesionales de la salud mental pueden comprender mejor las complejidades de los trastornos depresivos y adaptar las intervenciones en consecuencia. Además, al abordar la interacción entre los pensamientos automáticos y las respuestas emocionales, los enfoques terapéuticos pueden centrarse en los procesos cognitivos centrales que subyacen a la sintomatología depresiva, fomentando así resultados terapéuticos más eficaces.

3. Orígenes y desarrollo de los pensamientos automáticos:

Los pensamientos automáticos en la depresión se configuran mediante una compleja interacción de factores relacionados con los procesos cognitivos, las experiencias emocionales y los acontecimientos vitales del individuo. El origen y el desarrollo de estos pensamientos automáticos se remontan a diversos mecanismos psicológicos e influencias ambientales. Un factor clave que contribuye al desarrollo de los pensamientos automáticos son las experiencias de la primera infancia, en particular las que implican acontecimientos emocionales o traumáticos significativos. Estas experiencias pueden sentar las bases de creencias y esquemas fundamentales que influyen en la percepción que los individuos tienen de sí mismos, de los demás y del mundo que les rodea. Además, las relaciones interpersonales y los patrones de apego desempeñan un papel crucial en la configuración de los pensamientos automáticos, ya que contribuyen a la formación de estructuras cognitivas y marcos interpretativos. Asimismo, los factores estresantes constantes, las presiones sociales y los factores culturales también pueden influir en el desarrollo de los pensamientos automáticos, lo que lleva a los individuos a adoptar patrones cognitivos específicos en respuesta a su entorno. Con el tiempo, la exposición repetida a estos factores influyentes puede conducir a la consolidación de procesos cognitivos desadaptativos, lo que resulta en la aparición de pensamientos automáticos persistentes, comúnmente asociados con la depresión. A medida que los pensamientos automáticos se desarrollan y evolucionan a lo largo de la vida, se arraigan en el repertorio cognitivo de una persona, influyendo en sus percepciones, emociones y comportamientos. Comprender el origen y el desarrollo de los pensamientos automáticos en la depresión es esencial para los profesionales clínicos e investigadores que buscan abordar e intervenir en los procesos cognitivos subyacentes a los trastornos depresivos. Al desentrañar las complejas vías que dan lugar a los pensamientos automáticos, los profesionales pueden obtener información valiosa sobre la etiología de la cognición depresiva y diseñar intervenciones adaptadas para abordar y modificar eficazmente estos patrones cognitivos.

4. Tipos de pensamientos automáticos comúnmente observados en la depresión:

Los pensamientos automáticos en la depresión son diversos y pueden manifestarse de diversas formas, afectando el bienestar emocional y el funcionamiento diario de las personas. Los tipos comunes de pensamientos automáticos observados en la depresión abarcan distorsiones cognitivas como la inferencia arbitraria, la sobregeneralización, la magnificación o minimización, la personalización y la abstracción selectiva. La inferencia arbitraria implica extraer conclusiones sin evidencia que las sustente, a menudo atribuyendo interpretaciones negativas a eventos o experiencias sin fundamento racional. La sobregeneralización se refiere a extraer conclusiones generales basadas en ejemplos limitados, lo que lleva a las personas a aplicar experiencias negativas a amplios aspectos de sus vidas. La magnificación o minimización implica exagerar la importancia de los eventos negativos y minimizar los positivos, lo que contribuye a una percepción distorsionada de la realidad. La personalización ocurre cuando las personas se atribuyen eventos externos sin razones válidas, asumiendo una responsabilidad innecesaria por los resultados negativos. La abstracción selectiva implica centrarse únicamente en los detalles negativos y descartar los aspectos positivos de una situación, lo que refuerza los patrones cognitivos negativos. Además, el pensamiento catastrófico, comúnmente observado en la depresión, implica visualizar los peores escenarios, amplificando los miedos y las ansiedades. Estos pensamientos automáticos denotan la naturaleza generalizada de la cognición depresiva y subrayan la importancia de identificar y abordar estas distorsiones cognitivas en las intervenciones terapéuticas.

5. Impacto de los pensamientos automáticos negativos en el funcionamiento diario:

Los pensamientos automáticos negativos, característicos del procesamiento cognitivo depresivo, influyen profundamente en el funcionamiento diario de una persona en diversas áreas. Estas cogniciones generalizadas pueden afectar significativamente la capacidad de una persona para adoptar conductas adaptativas, lo que provoca perturbaciones en las esferas personal, social y laboral. En las relaciones interpersonales, el impacto de los pensamientos automáticos negativos es palpable, ya que las personas pueden aislarse de las interacciones sociales o percibir las señales benignas como críticas, lo que dificulta las conexiones con los demás. Además, estas personas pueden mostrar reticencia a buscar apoyo, ya que sus pensamientos automáticos negativos alimentan sentimientos de inutilidad y alienación.

El impacto de los pensamientos automáticos negativos se extiende a las actividades laborales. Las personas atrapadas por estas cogniciones pueden experimentar disminución de la concentración, inseguridad persistente y menor motivación, lo que puede obstaculizar su rendimiento laboral o dificultar su búsqueda de oportunidades de desarrollo profesional. En el ámbito personal, los pensamientos automáticos negativos pueden manifestarse como autocrítica excesiva y actitudes derrotistas, minando el entusiasmo por aficiones o actividades físicas que antes les proporcionaban alegría.

Más allá de sus consecuencias interpersonales y laborales, la insidiosa influencia de los pensamientos automáticos negativos en el funcionamiento diario se extiende al ámbito del autocuidado y la regulación emocional. Las personas inmersas en pensamientos automáticos negativos pueden tener dificultades para mantener hábitos de vida saludables, como una nutrición adecuada, ejercicio regular y un sueño adecuado, ya que sus percepciones distorsionadas contribuyen a una sensación de apatía y desesperanza. Además, estas personas se enfrentan a una mayor vulnerabilidad a la desregulación emocional, ya que los pensamientos automáticos negativos amplifican los sentimientos de desesperación, ansiedad e impotencia, exacerbando así la carga de la depresión.

Comprender el profundo impacto de los pensamientos automáticos negativos en el funcionamiento diario subraya la urgente necesidad de intervenciones eficaces dirigidas a desafiar y modificar estas cogniciones destructivas. Al abordar la interacción entre pensamientos, emociones y comportamiento, los profesionales sanitarios pueden dotar a las personas de estrategias prácticas para mitigar los efectos nocivos de los pensamientos automáticos negativos, fomentando una mayor capacidad de funcionamiento adaptativo y resiliente ante los desafíos que plantean los procesos cognitivos depresivos.

6. Distorsiones cognitivas subyacentes a los pensamientos automáticos:

Los pensamientos automáticos en la depresión suelen estar impulsados por distorsiones cognitivas que llevan a las personas a percibir la realidad de forma sesgada y negativa. Estas distorsiones, identificadas por Aaron Beck, desempeñan un papel crucial en la formación de los pensamientos automáticos y las consiguientes respuestas emocionales. Una de las distorsiones cognitivas más comunes es el "pensamiento de todo o nada", en el que las personas ven las situaciones en términos extremadamente blanco o negro, lo que lleva a una polarización de las experiencias en resultados totalmente positivos o negativos. Esta distorsión puede contribuir a la amplificación de los pensamientos automáticos negativos, ya que cualquier pequeño contratiempo puede percibirse como un fracaso total.

Otra distorsión frecuente es la "catastrofización", que implica la anticipación exagerada del desastre o de los peores escenarios. Esta distorsión cognitiva puede intensificar el impacto de los pensamientos automáticos negativos, llevando a las personas a imaginar las consecuencias más graves de una situación, lo que aumenta sus niveles de angustia y ansiedad. Además, el "filtrado mental" representa una distorsión cognitiva mediante la cual las personas se centran selectivamente en los aspectos negativos de una situación, ignorando los positivos. Esta atención selectiva a la negatividad refuerza la aparición de pensamientos automáticos negativos, perpetuando aún más el ciclo de la depresión.

Por otro lado, la sobregeneralización es una distorsión cognitiva caracterizada por la tendencia a extraer conclusiones generales y generalizadas basándose en evidencia limitada o en incidentes aislados. En el contexto de los pensamientos automáticos, la sobregeneralización puede llevar a las personas a extrapolar experiencias negativas a todas las áreas de su vida, fomentando una sensación generalizada de desesperanza y desesperación. Además, la personalización implica la tendencia a atribuirse una responsabilidad excesiva por los acontecimientos externos, lo que lleva a una sobreestimación del impacto negativo propio en las situaciones. Esta distorsión cognitiva desempeña un papel importante en la generación de pensamientos automáticos de autoculpabilización, que contribuyen a sentimientos de culpa e incompetencia.

Finalmente, el razonamiento emocional representa una distorsión cognitiva en la que las personas interpretan sus emociones como un reflejo de la realidad objetiva, ignorando cualquier evidencia en contrario. En el contexto de los pensamientos automáticos, el razonamiento emocional puede llevar a las personas a aceptar sus emociones negativas como prueba de circunstancias negativas, lo que refuerza la validez de sus pensamientos automáticos negativos. Comprender estas distorsiones cognitivas es esencial para abordar los pensamientos automáticos dentro de un marco cognitivo, ya que permite intervenciones específicas para desafiar y modificar estos patrones de pensamiento distorsionados.

7. Pensamientos automáticos negativos:

Los pensamientos automáticos suelen reflejar distorsiones cognitivas subyacentes, como la sobregeneralización, la magnificación y la personalización, que contribuyen al mantenimiento de los síntomas depresivos. Los profesionales clínicos emplean diversas técnicas para ayudar a las personas a reconocer y abordar estos patrones de pensamiento.

El primer paso de este proceso consiste en fomentar la conciencia de los pensamientos automáticos mediante el autocontrol y actividades estructuradas, como registros de pensamientos o diarios. Estas herramientas permiten a las personas rastrear sus pensamientos, emociones y situaciones asociadas, lo que facilita la identificación de patrones de pensamiento negativos recurrentes. Mediante la documentación sistemática, las personas pueden comprender mejor los desencadenantes y los efectos de sus pensamientos automáticos, lo que facilita la intervención posterior.

Una vez identificados los pensamientos automáticos negativos, los profesionales clínicos guían a las personas en la evaluación de la evidencia a favor y en contra de estos pensamientos. Este proceso implica examinar la precisión y validez de sus interpretaciones y considerar explicaciones alternativas para los eventos desencadenantes. Al fomentar una exploración equilibrada de la evidencia, las personas pueden cuestionar la validez absoluta de sus pensamientos negativos y desarrollar perspectivas más realistas.

Las técnicas de reestructuración cognitiva se emplean para modificar patrones de pensamiento negativos arraigados. Se anima a las personas a reformular sus pensamientos automáticos, sustituyéndolos por alternativas más adaptativas y racionales. Este proceso de reestructuración implica distanciarse de las reacciones emocionales iniciales y realizar una reevaluación cognitiva deliberada. Mediante la práctica repetida, las personas pueden cultivar el hábito de evaluar críticamente sus pensamientos automáticos y adoptar gradualmente hábitos cognitivos más saludables.

Para complementar estas técnicas, se suelen utilizar experimentos conductuales para comprobar la validez de los pensamientos automáticos en contextos reales. Se anima a las personas a adoptar comportamientos que desafíen sus creencias o expectativas negativas, brindándoles oportunidades para recopilar evidencia concreta que contradiga sus pensamientos automáticos. Este enfoque experiencial ayuda a las personas a superar las conductas de evitación y valida la posible discrepancia entre sus predicciones y los resultados reales, lo que genera cambios cognitivos.

Las prácticas basadas en la atención plena se integran para mejorar la capacidad de las personas de observar sus pensamientos automáticos sin juzgarlos ni reaccionar de inmediato. La atención plena facilita el desarrollo de una conciencia no reactiva de los patrones de pensamiento, lo que permite a las personas desconectarse de sus pensamientos automáticos y optimizar su flexibilidad de respuesta. Al cultivar la atención al momento presente, las personas pueden adoptar una actitud más tolerante y compasiva hacia sus procesos cognitivos, reduciendo el impacto emocional de los pensamientos automáticos negativos.

8. Técnicas clínicas para abordar los pensamientos automáticos:

Al abordar los pensamientos automáticos en el contexto terapéutico, los profesionales clínicos utilizan diversas técnicas basadas en la evidencia para ayudar a las personas a desafiar y modificar sus procesos cognitivos. La Reestructuración Cognitiva, un método fundamental en la terapia cognitiva, implica identificar los pensamientos automáticos negativos, examinar las suposiciones subyacentes y las distorsiones cognitivas, y diseñar alternativas racionales. Al guiar a las personas a cuestionar sistemáticamente la validez de sus pensamientos automáticos, los terapeutas ayudan a modificar patrones de pensamiento desadaptativos y a fomentar estrategias de pensamiento más adaptativas.

Otra estrategia clínica fundamental son los Experimentos Conductuales, en los que las personas participan en actividades experienciales diseñadas para comprobar la validez de sus pensamientos automáticos. Mediante la colaboración entre el terapeuta y la persona, se crean situaciones reales para desafiar las creencias que sustentan los pensamientos automáticos. Los resultados de estos experimentos proporcionan a las personas evidencia empírica que respalda la adaptabilidad de sus pensamientos, infundiendo una sensación de empoderamiento y fomentando la flexibilidad cognitiva. Además, la Reescritura de Imágenes, una técnica frecuentemente utilizada en casos de pensamientos automáticos traumáticos, implica revisitar recuerdos o imágenes angustiantes y replantearlos para generar patrones cognitivos alternativos menos angustiantes.

Las intervenciones basadas en la atención plena han cobrado relevancia para abordar los pensamientos automáticos mediante el cultivo de la conciencia del momento presente y la aceptación. Técnicas como la meditación de atención plena animan a las personas a observar sus pensamientos sin juzgarlos, lo que les permite desarrollar una relación más equilibrada y no reactiva con sus procesos cognitivos. Esta mayor autoconciencia permite a las personas desconectarse de los pensamientos automáticos y elegir respuestas más adaptativas.

Las estrategias metacognitivas desempeñan un papel fundamental en el tratamiento de los pensamientos automáticos. Al promover la conciencia metacognitiva, las personas aprenden a reconocer patrones de pensamiento recurrentes y las respuestas emocionales y conductuales que los acompañan. Mediante intervenciones metacognitivas, las personas adquieren las habilidades para evaluar la eficiencia de sus procesos de pensamiento e implementar modificaciones estratégicas, mejorando así la regulación cognitiva y reduciendo la dependencia del pensamiento negativo automático.

Además, la terapia de grupo puede ser una plataforma eficaz para abordar los pensamientos automáticos. Participar en un entorno grupal ofrece a las personas oportunidades de apoyo social, perspectivas y experiencias compartidas, lo que contribuye a la validación y normalización de sus dificultades cognitivas. Estas interacciones terapéuticas fomentan un entorno propicio para desafiar y reconstruir los pensamientos automáticos, facilitando el desarrollo de nuevos mecanismos de afrontamiento y esquemas cognitivos adaptativos.

Finalmente, las Tareas Cognitivo-Conductuales ofrecen a las personas tareas estructuradas que refuerzan el aprendizaje y promueven la aplicación de técnicas cognitivas fuera del ámbito terapéutico. Al realizar tareas que abordan los pensamientos automáticos, las personas continúan practicando e integrando las estrategias cognitivas adquiridas en su vida diaria, consolidando aún más la reestructuración cognitiva y fomentando un cambio duradero.

9. Hallazgos de investigación relacionados con los pensamientos automáticos en los trastornos depresivos:

A lo largo de los años, numerosos estudios han contribuido significativamente a nuestra comprensión de la interacción entre los pensamientos automáticos y los síntomas depresivos. Mediante investigaciones empíricas, los investigadores han descubierto evidencia convincente sobre la naturaleza generalizada de los pensamientos automáticos negativos en personas que luchan contra la depresión. Estos hallazgos subrayan el profundo impacto de los pensamientos automáticos en las experiencias emocionales y el procesamiento cognitivo, arrojando luz sobre su papel como determinantes fundamentales de la sintomatología depresiva.

Una línea de investigación destacada se ha centrado en la relación entre tipos específicos de pensamientos automáticos y distintos subtipos de trastornos depresivos. Al dilucidar las manifestaciones matizadas de los pensamientos automáticos en diversos subgrupos de personas con depresión, los investigadores han discernido matices valiosos que fundamentan intervenciones personalizadas y enfoques terapéuticos específicos. Además, los estudios longitudinales han aportado información invaluable sobre la dinámica temporal de los pensamientos automáticos, revelando sus patrones fluctuantes y su influencia en la evolución de las enfermedades depresivas.

Los avances en las técnicas de neuroimagen han revolucionado nuestra comprensión de los sustratos neuronales que sustentan los pensamientos automáticos en la depresión. Estudios neurobiológicos sofisticados han esclarecido los mecanismos neurocognitivos implicados en la generación y modulación de los pensamientos automáticos, desentrañando la red de regiones cerebrales implicadas en los procesos cognitivos desadaptativos. Estos descubrimientos neurocientíficos ofrecen un marco integral para comprender los fundamentos neuronales de los pensamientos automáticos, allanando así el camino para intervenciones terapéuticas innovadoras dirigidas a estos circuitos neuronales.

Además, las investigaciones han delineado la eficacia diferencial de diversas modalidades terapéuticas para mejorar los pensamientos automáticos y los síntomas depresivos asociados. Los ensayos clínicos comparativos han respaldado empíricamente la eficacia de las técnicas de reestructuración cognitiva para modificar los pensamientos automáticos desadaptativos, destacando el papel fundamental de las intervenciones cognitivo-conductuales para mitigar el impacto perjudicial de los pensamientos automáticos negativos. Asimismo, estudios metaanalíticos que sintetizan datos de numerosos ensayos han aportado evidencia sólida que corrobora los beneficios duraderos de abordar los pensamientos automáticos en el contexto de protocolos de tratamiento integrales.

10. Integración de conocimientos en la práctica terapéutica:

Los conocimientos derivados de las investigaciones sobre los pensamientos automáticos en los trastornos depresivos ofrecen valiosas implicaciones para la práctica terapéutica. Integrar estos conocimientos en las intervenciones clínicas puede mejorar significativamente la eficacia de los enfoques terapéuticos para las personas con depresión. Al reconocer la influencia generalizada de los pensamientos automáticos y su papel en el mantenimiento de los síntomas depresivos, los profesionales de la salud mental pueden adaptar las estrategias de tratamiento para abordar estos patrones cognitivos.

Un aspecto central de la integración de los conocimientos en la práctica terapéutica es el énfasis en la reestructuración cognitiva. Este proceso implica identificar y desafiar los pensamientos automáticos desadaptativos para facilitar la transición hacia patrones de pensamiento más adaptativos y equilibrados. Los terapeutas pueden emplear diversas técnicas cognitivo-conductuales, como el cuestionamiento socrático, los experimentos conductuales y el análisis de evidencia a favor y en contra de los pensamientos automáticos, para lograr esta reestructuración. Además, la incorporación de intervenciones basadas en la atención plena puede aumentar la eficacia del abordaje de los pensamientos automáticos al promover la conciencia del momento presente y reducir el pensamiento rumiativo.

Modalidades terapéuticas como la Terapia de Aceptación y Compromiso (ACT) y la Terapia Dialéctica Conductual (DBT) ofrecen vías adicionales para integrar la comprensión de los pensamientos automáticos en la práctica clínica. La ACT enfatiza la aceptación de las experiencias internas, la difusión de la fusión cognitiva y una vida basada en valores, lo que permite a las personas desarrollar una relación más flexible con sus pensamientos. Por otro lado, la DBT incorpora el entrenamiento de habilidades en regulación emocional y tolerancia al estrés, ofreciendo herramientas prácticas para gestionar el impacto de los pensamientos automáticos en el bienestar emocional.

Es crucial que los profesionales de la salud mental fomenten la colaboración con los pacientes al integrar perspectivas en la práctica terapéutica. Establecer una alianza terapéutica colaborativa y empática crea un entorno propicio para que los pacientes exploren y cuestionen sus pensamientos automáticos sin juzgarlos. La naturaleza colaborativa de la terapia empodera a las personas para participar activamente en el proceso de cambio y fomenta un sentido de autonomía en la gestión de sus patrones cognitivos. Además, destacar la naturaleza interactiva de los procesos cognitivos y emocionales puede ayudar a los pacientes a reconocer la influencia bidireccional entre sus pensamientos y emociones, allanando el camino para una mayor autocomprensión y el control de sus respuestas cognitivas.

En conclusión, integrar los conocimientos de la investigación sobre pensamientos automáticos en la práctica terapéutica es muy prometedor para mejorar los resultados del tratamiento en personas con trastornos depresivos. Al implementar intervenciones basadas en la evidencia, basadas en la reestructuración cognitiva, enfoques de atención plena y modalidades terapéuticas especializadas, los profesionales de la salud mental pueden dotar a sus pacientes de las herramientas necesarias para gestionar y modificar sus pensamientos automáticos. Además, fomentar una relación terapéutica colaborativa empodera a las personas para que desempeñen un papel activo en el desafío y la remodelación de sus patrones cognitivos, lo que en última instancia contribuye a un enfoque más holístico y eficaz para el tratamiento de la depresión.

La tríada cognitiva - El Yo, el mundo y el futuro

1. Fundamentación histórica y desarrollo de la teoría:

El fundamento histórico y el desarrollo teórico de la tríada cognitiva en el contexto de la depresión representan un aspecto fundamental para comprender la evolución de las teorías cognitivas en psicología. Los orígenes de la tríada cognitiva se remontan a Aaron Beck, quien introdujo el concepto como componente central de su teoría cognitiva de la depresión. La investigación pionera de Beck en la década de 1960 enfatizó el papel fundamental de los patrones de pensamiento distorsionados en la aparición y perpetuación de los síntomas depresivos, sentando las bases del modelo de la tríada cognitiva. Beck postuló que las personas con depresión tienden a exhibir distorsiones negativas en sus percepciones de sí mismas, del mundo y del futuro, lo que sentó las bases del marco de la tríada cognitiva. Partiendo de esta base, académicos e investigadores posteriores han ampliado y perfeccionado la teoría de la tríada cognitiva, contribuyendo a su continua relevancia en el discurso psicológico contemporáneo. El desarrollo teórico de la tríada cognitiva representa una convergencia de perspectivas de la psicología cognitiva, la experiencia clínica y las investigaciones empíricas, que culminan en una comprensión matizada de los procesos cognitivos interconectados que subyacen a los estados depresivos. Con el tiempo, este enfoque multifacético ha moldeado la conceptualización y el perfeccionamiento de la tríada, consolidando su importancia como un concepto central en el modelo cognitivo-conductual de la depresión. La naturaleza iterativa del desarrollo teórico en psicología cognitiva ha llevado a la integración de diversas perspectivas, provenientes de campos como la cognición social, la regulación emocional y el procesamiento de la información. Estas influencias interdisciplinarias han enriquecido nuestra comprensión de la tríada cognitiva, mejorando así su aplicabilidad a la compleja naturaleza de los trastornos depresivos. A medida que la tríada cognitiva continúa evolucionando, la investigación contemporánea ha buscado dilucidar sus manifestaciones matizadas en diversas poblaciones y contextos culturales. Esta exploración continua contribuye al enriquecimiento continuo de la teoría de la tríada cognitiva, fomentando un marco más integral para comprender las dimensiones cognitivas de la depresión e informando sobre intervenciones y estrategias de tratamiento personalizadas.

2. Autopercepción dentro de la tríada:

La autopercepción, dentro del marco de la tríada cognitiva, ofrece valiosas perspectivas sobre los procesos cognitivos y las experiencias emocionales de un individuo. A lo largo de su existencia, las personas construyen e interpretan continuamente la narrativa del "yo" en el contexto de sus vidas. La tríada cognitiva enfatiza que las autopercepciones negativas desempeñan un papel fundamental en la propagación y el mantenimiento de los estados depresivos. Al examinar el elemento de la autopercepción dentro de la tríada, profundizamos en la red de creencias, actitudes y evaluaciones que las personas tienen sobre sí mismas. Este análisis requiere una exploración de las creencias fundamentales y su influencia en la autopercepción. Además, implica un examen de cómo las personas procesan e internalizan la retroalimentación de su entorno social, lo que impacta en su sentido de valía y competencia. Estas autoevaluaciones no son estáticas, sino dinámicas, moldeadas por experiencias pasadas, estándares sociales y dinámicas interpersonales. La intersección de estos componentes contribuye a la autopercepción general, influyendo en los procesos cognitivos y el bienestar emocional. A través de este análisis, desentrañamos la interacción entre la autoestima, el autoconcepto y la formación de esquemas desadaptativos. Además, arrojamos luz sobre los mecanismos a través de los cuales las autopercepciones negativas se manifiestan en las actividades cotidianas, las relaciones y el funcionamiento general. Comprender las complejidades de la autopercepción dentro de la tríada cognitiva es fundamental para desarrollar intervenciones específicas para mejorar la depresión y mejorar el bienestar psicológico. Al delinear los diferentes mecanismos a través de los cuales las autopercepciones negativas contribuyen a la sintomatología depresiva, los profesionales de la salud mental pueden diseñar enfoques terapéuticos personalizados para desafiar y reestructurar las creencias disfuncionales. Asimismo, este análisis guía a los investigadores en el diseño de metodologías rigurosas para investigar empíricamente el impacto de la autopercepción en la cognición y la emoción depresivas. Profundizar en la autopercepción dentro de la tríada cognitiva facilita una comprensión integral de la depresión y facilita estrategias de intervención eficaces.

3. Interpretación cognitiva del mundo - Influencias externas:

La interpretación cognitiva del mundo desempeña un papel fundamental en la configuración de la percepción individual de la realidad, influyendo así significativamente en su bienestar emocional y psicológico. En esencia, la interpretación cognitiva del mundo se ve influenciada por diversos estímulos externos, como las interacciones interpersonales, las normas sociales, la representación mediática y las experiencias situacionales. Estos estímulos sirven como base para construir el esquema cognitivo del mundo de un individuo, afectando sus percepciones de seguridad, confianza y previsibilidad. Además, los factores sociales y culturales desempeñan un papel importante en la configuración de la cosmovisión, ya que influyen en la atribución de significado a los acontecimientos y las experiencias.

Es fundamental reconocer el papel de la comparación social en la formación de interpretaciones cognitivas. La tendencia a compararse con los demás, especialmente en la era de las redes sociales omnipresentes, puede generar percepciones distorsionadas del éxito, la felicidad y la realización personal. Estas comparaciones suelen alimentar autoevaluaciones negativas y perpetuar patrones cognitivos desadaptativos, contribuyendo así al mantenimiento de los síntomas depresivos.

La representación de los ideales sociales y los estándares de belleza en los medios de comunicación puede afectar significativamente la interpretación cognitiva que una persona tiene de su propio valor e importancia. La exposición a imágenes irreales e idealizadas puede distorsionar la percepción de la autoestima, atribuyendo una importancia exagerada a la apariencia física y las posesiones materiales. Estas interpretaciones distorsionadas pueden generar sentimientos generalizados de incompetencia e indignidad, reforzando sesgos cognitivos negativos.

Además de las influencias individuales, factores contextuales como la inestabilidad económica, la inestabilidad política y la discriminación social pueden tener un profundo impacto en las interpretaciones cognitivas del mundo. Las dificultades económicas, por ejemplo, pueden generar sentimientos de desesperanza y desesperación, amplificando las valoraciones cognitivas negativas de la eficacia y el control personal.

4. Panorama comparativo de los componentes de la tríada:

La tríada cognitiva abarca tres componentes interconectados: el Yo, el mundo y el futuro. Cada componente desempeña un papel crucial en la configuración de los procesos cognitivos y el bienestar mental general de un individuo. El componente del "yo" implica la percepción que uno tiene de sí mismo, abarcando creencias sobre la valía personal, las habilidades y el valor. Esta autopercepción interna a menudo refleja creencias fundamentales profundamente arraigadas que influyen en cómo los individuos interpretan sus experiencias e interacciones con el mundo que los rodea. En contraste, el componente del "mundo" se refiere a la interpretación que un individuo hace de los eventos externos, las circunstancias y otras personas. Este aspecto resalta la importancia de la percepción subjetiva y la atribución de significado a diversos estímulos, lo que conduce a sesgos cognitivos e interpretaciones distorsionadas. Finalmente, el componente del "futuro" refleja las expectativas y predicciones de un individuo sobre lo que le espera. Abarca pensamientos relacionados con los resultados, logros y posibilidades anticipados, que pueden provenir de experiencias pasadas o limitaciones percibidas. La interconexión de estos tres componentes crea un marco a través del cual los individuos procesan información, construyen significado y forman patrones cognitivos que pueden contribuir a la aparición y el mantenimiento de los síntomas depresivos.

Al comparar estos componentes, se hace evidente que la tríada cognitiva funciona como un sistema interdependiente donde cada componente influye e interactúa con los demás. Por ejemplo, las autopercepciones negativas pueden llevar a interpretaciones pesimistas de los eventos externos (el mundo) y las expectativas futuras, lo que resulta en un ciclo perpetuo de cognición negativa. De igual manera, la visión desoladora del futuro de una persona puede afectar su autoimagen y su percepción del mundo, reforzando aún más los patrones cognitivos desadaptativos. Comprender la dinámica comparativa entre estos componentes permite intervenciones específicas dentro de la terapia cognitiva. Al identificar cómo las distorsiones negativas en un componente pueden propagarse a través de la tríada, los terapeutas pueden abordar patrones cognitivos específicos y sus influencias interconectadas. Además, reconocer las relaciones recíprocas entre estos componentes puede guiar la implementación de técnicas terapéuticas dirigidas a modificar los esquemas cognitivos desadaptativos y promover un procesamiento cognitivo más adaptativo y equilibrado. Asimismo, esta perspectiva comparativa subraya la importancia de abordar los tres componentes al conceptualizar y tratar los patrones cognitivos depresivos, destacando la naturaleza integral de la terapia cognitiva para abordar las distorsiones cognitivas multifacéticas.

5. Estudios empíricos que apoyan la tríada cognitiva:

En las últimas décadas, numerosos estudios han demostrado fuertes correlaciones entre los patrones de pensamiento disfuncionales sobre uno mismo, el mundo y el futuro, y la aparición y el mantenimiento de los síntomas depresivos. Los investigadores han empleado diversas metodologías, incluyendo encuestas transversales, estudios longitudinales, manipulaciones experimentales y técnicas de neuroimagen, para investigar la compleja interacción entre los componentes de la tríada cognitiva y su impacto en el bienestar emocional de las personas. Los hallazgos de estos estudios destacan consistentemente la interconexión entre los esquemas personales negativos, las interpretaciones pesimistas de los eventos y las expectativas sombrías para el futuro, proporcionando un sólido respaldo a la teoría cognitiva de la depresión de Beck. Un área notable de enfoque ha sido el papel de los esquemas desadaptativos tempranos en la configuración de la tríada cognitiva de un individuo, con estudios longitudinales que demuestran la influencia de estas creencias profundamente arraigadas en el desarrollo y la persistencia de los síntomas depresivos. Además, los avances en la investigación neurocientífica han esclarecido los correlatos neuronales de la tríada cognitiva, dilucidando los mecanismos cerebrales subyacentes implicados en el procesamiento de la información autorreferencial, la atribución de significado a los estímulos ambientales y la proyección de escenarios futuros. Estos estudios de neuroimagen han reforzado las teorías cognitivas de la depresión al proporcionar evidencia objetiva de la base neurocognitiva del funcionamiento de la tríada en el cerebro humano. Cabe destacar que los estudios de intervención que utilizan técnicas de reestructuración cognitiva han arrojado resultados prometedores en la modificación de las cogniciones disfuncionales relacionadas con la tríada, lo que ha llevado a reducciones significativas de la sintomatología depresiva. Estos hallazgos subrayan la relevancia práctica del modelo de la tríada cognitiva en entornos clínicos y enfatizan el potencial de las intervenciones cognitivas dirigidas para mejorar los sesgos cognitivos depresivos. Además, el conjunto de investigaciones empíricas ha informado el perfeccionamiento y la elaboración del modelo de la tríada cognitiva, enriqueciendo nuestra comprensión de las interacciones matizadas entre sus componentes y sus implicaciones para las intervenciones psicológicas.

6. Críticas y limitaciones del modelo de la tríada cognitiva:

El modelo de la Tríada Cognitiva, si bien es pionero en su enfoque para comprender la cognición depresiva, no está exento de críticas y limitaciones. Una crítica notable se refiere a la generalización de los componentes de la tríada a diferentes culturas y contextos socioeconómicos. Los críticos argumentan que el énfasis en el Yo, el mundo y el futuro podría no captar con precisión los matices de los procesos cognitivos en diversas poblaciones, lo que limita la aplicabilidad del modelo en un contexto global.

Otra limitación importante del modelo de la Tríada Cognitiva es su naturaleza estática. El marco se centra principalmente en la interacción entre componentes fijos, sin tener suficientemente en cuenta la naturaleza dinámica de los patrones cognitivos y su evolución a lo largo del tiempo. Además, algunos investigadores han expresado su preocupación por la simplificación excesiva de fenómenos cognitivos complejos, señalando que la tríada podría pasar por alto mecanismos cognitivos complejos que contribuyen a la sintomatología depresiva.

Además, los investigadores han destacado el desafío de desentrañar la causalidad de la correlación dentro de la tríada cognitiva. Si bien la evidencia empírica respalda las asociaciones entre las cogniciones negativas y la depresión, establecer una relación causal sigue siendo difícil. Esto plantea interrogantes sobre si los componentes de la tríada cognitiva son principalmente factores causales de la depresión o si reflejan las consecuencias de trastornos del estado de ánimo subyacentes.

Los críticos también señalan el potencial de profecías autocumplidas dentro del marco de la tríada cognitiva. Al fijarse en creencias negativas sobre uno mismo, el mundo y el futuro, las personas pueden reforzar inadvertidamente estas cogniciones mediante la atención selectiva y la interpretación de las experiencias, perpetuando un ciclo de negatividad y reforzando los síntomas depresivos.

El modelo de la Tríada Cognitiva ha sido objeto de escrutinio por su relativo descuido de los factores fisiológicos y sociales que influyen en las cogniciones depresivas. Los investigadores sostienen que el enfoque exclusivo del modelo en los procesos cognitivos podría pasar por alto la interacción de las influencias biológicas, ambientales e interpersonales en el desarrollo y mantenimiento de los síntomas depresivos.

Por último, las implicaciones terapéuticas del modelo de la Tríada Cognitiva han sido objeto de escrutinio y algunos profesionales han expresado reservas sobre la eficacia de centrarse exclusivamente en las distorsiones cognitivas sin abordar los factores contextuales más amplios que contribuyen a la depresión.

A la luz de estas críticas y limitaciones, es esencial evaluar críticamente y refinar el modelo de la Tríada Cognitiva, considerando marcos alternativos e integrando perspectivas multidimensionales para mejorar nuestra comprensión de la cognición depresiva.

7. Vinculación de la tríada cognitiva con los síntomas de depresión:

Comprender la relación entre la tríada cognitiva y los síntomas depresivos es fundamental para dilucidar los mecanismos subyacentes de los trastornos depresivos. Se ha descubierto que la tríada cognitiva, que abarca la visión que una persona tiene de sí misma, de su mundo y de su futuro, desempeña un papel fundamental en la configuración de la experiencia y la expresión de los síntomas depresivos. A medida que las personas se perciben negativamente, junto con una visión pesimista del mundo exterior y la anticipación de resultados futuros sombríos, se produce una compleja interacción que contribuye a la manifestación y perpetuación de la sintomatología depresiva.

La autopercepción negativa de un individuo dentro de la tríada cognitiva está estrechamente vinculada a sentimientos de inutilidad, incompetencia y autocrítica, comúnmente observados en personas con depresión. Además, las creencias distorsionadas sobre el mundo como inherentemente duro, indiferente o desesperanzado suelen correlacionarse con una mayor experiencia de tristeza, desesperanza y desesperación. Asimismo, las predicciones pesimistas sobre el futuro generan sentimientos de impotencia y falta de motivación, características distintivas de la sintomatología depresiva. Por lo tanto, al reconocer el impacto de cada componente de la tríada cognitiva en los síntomas depresivos, los profesionales clínicos e investigadores pueden obtener información valiosa sobre los procesos cognitivos subyacentes que intervienen en la depresión.

Amplia evidencia empírica ha corroborado la importancia de la tríada cognitiva en la determinación de la gravedad y la persistencia de los síntomas depresivos. Diversos estudios han demostrado sistemáticamente que las personas con creencias más negativas sobre la tríada cognitiva tienden a presentar niveles más elevados de síntomas depresivos, como tristeza persistente, disminución del interés o el placer, cambios en el apetito o el peso, alteraciones del sueño, agitación o retraso psicomotor, fatiga o pérdida de energía, sentimientos de inutilidad o culpa excesiva, disminución de la capacidad de pensar o concentrarse, y pensamientos recurrentes de muerte o suicidio. Al dilucidar estas asociaciones, podemos comprender mejor las bases cognitivas de la depresión y desarrollar intervenciones específicas para aliviar la carga de los síntomas depresivos.

Identificar las dimensiones específicas de la tríada cognitiva que contribuyen de forma más destacada a los distintos síntomas de depresión tiene profundas implicaciones para los enfoques terapéuticos personalizados. Adaptar las intervenciones terapéuticas para reestructurar las creencias desadaptativas sobre uno mismo, el mundo y el futuro resulta prometedor para mejorar síntomas específicos de depresión en las personas. La integración de técnicas de reestructuración cognitiva en las modalidades psicoterapéuticas puede desafiar y modificar eficazmente los esquemas negativos de la tríada cognitiva, aliviando así las manifestaciones depresivas asociadas. Mediante esta exploración exhaustiva de los vínculos entre la tríada cognitiva y los síntomas depresivos, nuestro objetivo es sentar las bases para intervenciones innovadoras y personalizadas que aborden las bases cognitivas de la depresión.

Perspectivas negativas sobre el Yo - Creencias fundamentales y su influencia

1. Contexto histórico y desarrollo de las autopercepciones negativas:

A lo largo de la historia, diversas perspectivas filosóficas y psicológicas han contribuido a nuestra comprensión de las autopercepciones y su impacto en la salud mental. Desde las antiguas enseñanzas filosóficas que enfatizaban la importancia de la autorreflexión y una vida virtuosa hasta las primeras teorías psicoanalíticas que profundizaban en el inconsciente, la evolución del pensamiento sobre las autopercepciones ha sido extensa y multifacética. Por ejemplo, filósofos pioneros como Sócrates y Platón exploraron el concepto de autoconocimiento y la influencia de las percepciones individuales en el bienestar, sentando las bases para la comprensión de las autopercepciones negativas como un factor significativo en el malestar psicológico. Además, el surgimiento del psicoanálisis a través de las obras de Freud y Jung destacó el papel de las experiencias infantiles y los conflictos internos en la formación de la autopercepción que un individuo tiene de sí mismo. Este énfasis en las influencias del desarrollo temprano continúa resonando en los debates contemporáneos sobre las creencias fundamentales. El desarrollo posterior de las teorías cognitivas, en particular la teoría cognitiva de la depresión de Beck, reveló la relación directa entre las autopercepciones negativas y la aparición y el mantenimiento de los síntomas depresivos. Este contexto histórico subraya la importancia de las autopercepciones negativas y las creencias fundamentales en el discurso psicológico. La interacción entre las perspectivas históricas y la investigación moderna proporciona un marco integral para comprender el desarrollo de las autopercepciones negativas y su impacto en el bienestar mental de las personas.

2. Creencias fundamentales en la práctica clínica:

Las creencias fundamentales, también conocidas como esquemas, son estructuras cognitivas profundamente arraigadas que configuran la percepción que una persona tiene de sí misma, de los demás y del mundo. Estas creencias suelen formarse en la primera infancia y la adolescencia, a partir de experiencias e interacciones significativas con cuidadores, compañeros e influencias sociales. Representan suposiciones fundamentales sobre uno mismo y los demás, que a menudo operan a nivel subconsciente e influyen en las percepciones, las emociones y el comportamiento. Dado su amplio impacto, la identificación precisa de las creencias fundamentales es fundamental para desarrollar intervenciones eficaces y promover la reestructuración cognitiva. En la práctica clínica, se emplean diversas estrategias para identificar estas estructuras cognitivas profundamente arraigadas. Un enfoque consiste en utilizar entrevistas estructuradas y medidas de autoinforme diseñadas para obtener creencias fundamentales relacionadas con la autoestima, la competencia personal y la aceptación social. Además, los terapeutas pueden explorar temas recurrentes en las narrativas de una persona y examinar patrones de pensamientos automáticos y reacciones emocionales en diversas situaciones. La exploración y validación colaborativa de estas creencias dentro de la relación terapéutica también son fundamentales en este proceso. Es importante reconocer que las creencias fundamentales pueden manifestarse de diversas formas, como «No soy digno de ser amado», «Soy incompetente» o «Soy impotente». Estas convicciones generalizadas a menudo sustentan distorsiones cognitivas específicas y estrategias de afrontamiento desadaptativas. Además, las creencias fundamentales pueden estar entrelazadas con otros constructos cognitivos, como creencias intermedias y suposiciones condicionales, lo que añade complejidad a su identificación. La identificación de creencias fundamentales en la práctica clínica requiere sensibilidad, empatía y paciencia, ya que las personas pueden experimentar angustia y resistencia al enfrentarse a autoevaluaciones negativas profundamente arraigadas. Asimismo, deben tenerse en cuenta las consideraciones culturales y los factores contextuales para garantizar una comprensión integral del sistema de creencias de la persona. En última instancia, al identificar y abordar hábilmente las creencias fundamentales, los profesionales clínicos pueden allanar el camino para cambios profundos en la autopercepción y contribuir al alivio de la sintomatología depresiva.

3. Distorsiones cognitivas y su papel en la autopercepción:

Las distorsiones cognitivas, tal como se explican en el marco de la teoría cognitiva, representan patrones de pensamiento sesgados e irracionales que llevan a las personas a percibir la realidad de forma errónea. Aplicadas a la autopercepción, estas distorsiones desempeñan un papel fundamental en la forma en que las personas se evalúan a sí mismas y a sus capacidades. La base de las distorsiones cognitivas es la tendencia a filtrar la información mediante filtros mentales sesgados, lo que da lugar a interpretaciones subjetivas de eventos y experiencias. Estas distorsiones suelen manifestarse de diversas formas, como la personalización, el pensamiento polarizado y la generalización excesiva, todo lo cual contribuye a una autoimagen distorsionada.

El impacto de las distorsiones cognitivas en la autopercepción es innegable. Por ejemplo, la personalización se produce cuando las personas interpretan los acontecimientos externos como excesivamente relacionados con ellas mismas, lo que genera una exagerada sensación de responsabilidad por los resultados. Asimismo, el pensamiento polarizado, también conocido como pensamiento en blanco y negro, alimenta la autopercepción al categorizar las experiencias como completamente positivas o negativas, dejando poco margen para los matices o la complejidad en la autoevaluación. La sobregeneralización, otra distorsión común, implica extraer conclusiones generales sobre uno mismo basándose en evidencia limitada o incidentes aislados, perpetuando así una autoevaluación sesgada.

En el contexto de la depresión, las personas con distorsiones cognitivas generalizadas suelen tener un diálogo interno negativo y albergar creencias profundamente arraigadas que refuerzan y perpetúan sus percepciones distorsionadas. Estas distorsiones generan un ciclo de autorreforzamiento, en el que las autopercepciones negativas dan lugar a emociones negativas que, a su vez, confirman y consolidan estas creencias desadaptativas. Las consecuencias son de gran alcance e influyen en diversos aspectos de la vida de una persona, como las relaciones interpersonales, el desempeño profesional y el bienestar general.

Reconocer y abordar las distorsiones cognitivas en el ámbito de la autopercepción es un aspecto esencial de las intervenciones cognitivo-conductuales destinadas a mejorar los síntomas depresivos. Las técnicas terapéuticas, como la reestructuración cognitiva, sirven para cuestionar y reformular los pensamientos distorsionados, fomentando así una autopercepción más equilibrada y realista. Al examinar y modificar sistemáticamente las distorsiones cognitivas, las personas pueden pasar gradualmente de una autoevaluación negativa a una evaluación más precisa y constructiva de sí mismas, sentando las bases para un mayor bienestar emocional y resiliencia psicológica.

4. Mecanismos subyacentes a la autoevaluación negativa:

La autoevaluación negativa, un componente clave de las teorías cognitivas de la depresión, se ve impulsada por complejos mecanismos cognitivos y emocionales. Estos mecanismos desempeñan un papel importante en la configuración de la percepción que una persona tiene de sí misma y de su lugar en el mundo. Un mecanismo fundamental subyacente a la autoevaluación negativa es el proceso cognitivo de abstracción selectiva, donde las personas se centran en aspectos negativos aislados de sí mismas, ignorando las experiencias positivas o neutrales. Este sesgo conduce a una sobreevaluación de los fracasos e insuficiencias percibidos, lo que contribuye a una autoimagen distorsionada. Además, las personas que luchan con una autoevaluación negativa a menudo incurren en una generalización excesiva, extrapolando casos específicos de fracaso a conclusiones globales sobre su valor y capacidades. Esta distorsión cognitiva amplifica los sentimientos de inutilidad y desesperanza, reforzando aún más la autopercepción negativa. Asimismo, el mecanismo del pensamiento dicotómico, o pensamiento "en blanco y negro", contribuye a la autoevaluación negativa al fomentar evaluaciones extremas de las propias acciones y características, considerándolas puramente positivas o completamente negativas, sin reconocer los matices y complejidades de la experiencia humana. Este patrón de pensamiento rígido exacerba la autocrítica y debilita la resiliencia. La regulación emocional también desempeña un papel fundamental en la autoevaluación negativa, ya que las personas pueden tener dificultades para gestionar las emociones angustiantes asociadas con la percepción de deficiencias y fracasos. La desregulación emocional crónica puede perpetuar un ciclo de autorrefuerzo, en el que las autoconfianzas negativas conducen a un mayor malestar emocional, que, a su vez, refuerza las autopercepciones negativas. Finalmente, los procesos de comparación social, tanto fuera de línea como en la era digital actual, a menudo sirven como desencadenantes de la autoevaluación negativa. Las personas pueden comparar desfavorablemente sus logros, apariencia o estilo de vida con los de los demás, lo que genera sentimientos de incompetencia e inferioridad. Reconocer y comprender estos complejos mecanismos permite tanto a los profesionales sanitarios como a las personas abordar eficazmente la autoevaluación negativa. Al abordar estos procesos cognitivos y emocionales subyacentes, las intervenciones diseñadas para modificar estos patrones desadaptativos pueden promover autopercepciones más adaptativas y contribuir a aliviar los síntomas depresivos.

5. Evidencia empírica sobre la dinámica de las creencias fundamentales:

La evidencia empírica sobre la dinámica de las creencias centrales proporciona información invaluable sobre los procesos cognitivos que subyacen a la autoevaluación negativa en personas con depresión. La investigación en el campo de la psicología clínica ha generado numerosos estudios que dilucidan la naturaleza y la influencia de las creencias centrales en el funcionamiento emocional y el bienestar psicológico. Estudios que emplean diversas metodologías, como evaluaciones longitudinales, manipulaciones experimentales y técnicas de neuroimagen, han contribuido a comprender cómo se desarrollan las creencias centrales, cómo interactúan con otros procesos cognitivos y cómo impactan en los estados afectivos. Investigaciones longitudinales han revelado la persistencia de las creencias centrales negativas a lo largo del tiempo, destacando su influencia estable en el esquema cognitivo del individuo. Además, la investigación experimental ha demostrado el papel causal de las creencias centrales en la configuración de las respuestas emocionales y las tendencias conductuales. Asimismo, estudios avanzados de neuroimagen han proporcionado evidencia neurobiológica de los correlatos neuronales asociados con la activación de las creencias centrales negativas, lo que arroja luz sobre los mecanismos subyacentes a nivel cerebral. Es importante destacar que la evidencia empírica ha indicado que las creencias fundamentales a menudo operan fuera de la consciencia, ejerciendo efectos sutiles pero generalizados en el procesamiento de la información y la reactividad emocional. Mediante un análisis minucioso de estos hallazgos empíricos, profesionales clínicos e investigadores obtienen información valiosa sobre la interacción entre las creencias fundamentales, la cognición y las experiencias emocionales. Una mayor exploración de la dinámica de las creencias fundamentales mediante una investigación empírica rigurosa es esencial para avanzar en nuestro conocimiento de la cognición depresiva y mejorar las intervenciones terapéuticas adaptadas a las autopercepciones negativas.

6. Impacto de las experiencias tempranas en la formación de creencias fundamentales:

La formación de creencias fundamentales está inextricablemente ligada a las experiencias tempranas de un individuo, especialmente durante la infancia y la adolescencia. Durante estos años formativos, las personas son muy influenciables y vulnerables a la influencia de su entorno, lo cual moldea significativamente sus marcos cognitivos y autopercepciones. Por lo tanto, es imperativo explorar el profundo impacto de las experiencias tempranas en el desarrollo y la consolidación de las creencias fundamentales.

Las experiencias tempranas dentro de la unidad familiar desempeñan un papel fundamental en la formación de las creencias fundamentales de un individuo. La dinámica de las interacciones de una persona con sus cuidadores, hermanos y otros miembros de la familia contribuye a la formación de esquemas cognitivos fundamentales. Los cuidadores sirven como figuras de apego primarias, y su receptividad, apoyo y validación influyen significativamente en la autoestima y la competencia del niño. Por el contrario, las experiencias de negligencia, rechazo o maltrato pueden generar creencias fundamentales negativas centradas en la indignidad, la falta de amor y la impotencia. Además, presenciar conflictos interpersonales o experimentar traumas familiares puede fomentar percepciones distorsionadas de las relaciones y del mundo, perpetuando creencias fundamentales desadaptativas.

Más allá del entorno familiar, factores sociales más amplios e influencias culturales también moldean las creencias fundamentales. Los procesos de socialización en la escuela, los grupos de pares y la comunidad imparten normas, valores y expectativas que moldean el autoconcepto individual. La exposición persistente a la discriminación, el acoso o la marginación puede fomentar creencias arraigadas de incompetencia, inferioridad o alienación. Las condiciones sociales adversas, como la pobreza, la inestabilidad o la violencia, pueden reforzar sentimientos de impotencia y desesperanza, fomentando la adopción de creencias fundamentales negativas que persisten hasta la edad adulta.

Las teorías psicológicas, como la teoría del apego y la teoría del aprendizaje social, ofrecen valiosas perspectivas sobre los mecanismos a través de los cuales las experiencias tempranas influyen en la formación de creencias fundamentales. La teoría del apego postula que las experiencias relacionales tempranas configuran los modelos de funcionamiento internos, influyendo en las relaciones y autopercepciones posteriores. La teoría del aprendizaje social destaca el papel del aprendizaje observacional y el refuerzo en la adquisición e internalización de creencias sobre uno mismo y el mundo. Estos marcos teóricos subrayan el impacto de las experiencias tempranas en la arquitectura cognitiva de los individuos.

Comprender el impacto de las experiencias tempranas en la formación de creencias fundamentales es indispensable en la práctica clínica. Las intervenciones terapéuticas dirigidas a abordar creencias fundamentales desadaptativas deben considerar la interacción sutil entre las experiencias pasadas y los esquemas cognitivos presentes. Al explorar y procesar las experiencias tempranas, las personas pueden comprender mejor el origen de sus creencias fundamentales, lo que facilita la reestructuración cognitiva y el desarrollo de autopercepciones adaptativas. Además, las intervenciones dirigidas a niños y adolescentes son prometedoras para prevenir el arraigo de creencias fundamentales perjudiciales, ofreciendo oportunidades para la intervención temprana y trayectorias de desarrollo positivas.

7. Viñetas clínicas - Manifestaciones de autopercepciones negativas:

En la práctica clínica, las autopercepciones negativas se manifiestan de forma diversa y profunda. Una manifestación común es una sensación generalizada de inutilidad e incompetencia que influye en la percepción que la persona tiene de sí misma y de sus capacidades. Esto puede conducir a una autoimagen distorsionada, en la que las personas se perciben como fundamentalmente defectuosas o indignos de ser amadas. Estas autopercepciones negativas a menudo contribuyen a sentimientos persistentes de desesperanza y desesperación, socavando el sentido de autonomía y autoeficacia de la persona.

Otra manifestación prominente son los pensamientos autocríticos recurrentes y la tendencia a rumiar sobre fracasos pasados o deficiencias percibidas. Estas críticas internalizadas pueden ser implacables, moldeando el diálogo interno y erosionando la autoconfianza. Quienes experimentan esto también pueden exhibir patrones de autosabotaje, evitando desafíos u oportunidades por temor a confirmar sus creencias negativas sobre sí mismos. Este comportamiento perpetúa una profecía autocumplida, reforzando y validando las autopercepciones negativas.

Las autopercepciones negativas suelen manifestarse en las relaciones interpersonales, ya que las personas pueden tener dificultades para formar y mantener vínculos significativos. Pueden percibirse como una carga, indignos de amor o incapaces de establecer relaciones plenas. En consecuencia, estas personas pueden aislarse de las interacciones sociales, lo que les lleva al aislamiento y refuerza aún más sus autopercepciones negativas.

Además, las personas con autopercepciones negativas pueden recurrir a mecanismos de afrontamiento desadaptativos, como el abuso de sustancias o la autolesión, para aliviar temporalmente su angustia emocional. Esto puede afianzar aún más las autopercepciones negativas y crear barreras adicionales para buscar ayuda y apoyo.

Algunas personas pueden manifestar su autopercepción negativa mediante tendencias perfeccionistas, persiguiendo incansablemente estándares inalcanzables en busca de validación y aceptación. Este perfeccionismo puede ser paralizante, lo que lleva a evitar tareas y experiencias donde temen el fracaso, perpetuando así el ciclo de autopercepción negativa.

Comprender estas viñetas clínicas ilustra el impacto multifacético de las autopercepciones negativas en el bienestar y el funcionamiento emocional de las personas. Reconocer estas manifestaciones es esencial para orientar intervenciones terapéuticas eficaces dirigidas a abordar y modificar estas creencias arraigadas.

8. Estrategias terapéuticas para la modificación de creencias fundamentales:

El proceso de identificar y reformular autopercepciones negativas profundamente arraigadas requiere un marco bien definido y diversas técnicas empíricas. El trabajo empírico colaborativo de destacados investigadores como Aaron y Judith Beck, sumado a extensas observaciones clínicas, destaca la importancia de abordar las creencias fundamentales en el ámbito terapéutico. Comprender que las creencias fundamentales son estructuras cognitivas profundamente arraigadas, vitales para el autoconcepto, sienta las bases para una intervención terapéutica eficaz.

La reestructuración cognitiva es una técnica fundamental para modificar creencias fundamentales. Este enfoque implica cuestionar la precisión y la validez de las autopercepciones desadaptativas mediante la indagación empírica, la evaluación crítica y la comprobación de la realidad. Al ayudar a los clientes a evaluar la evidencia que respalda sus autopercepciones negativas, los terapeutas pueden facilitar un cambio gradual hacia autoevaluaciones más equilibradas y adaptativas. Además, animar a los clientes a participar en experimentos conductuales que cuestionen sus creencias fundamentales fomenta una comprensión experiencial de su maleabilidad.

Una estrategia adicional y matizada consiste en fomentar la autocompasión y la autoaceptación. Los terapeutas priorizan la creación de un entorno seguro y empático donde los clientes puedan explorar el origen de sus creencias fundamentales sin temor a ser juzgados. Fomentar la autocompasión cultiva un diálogo interno caracterizado por la amabilidad y la comprensión, mitigando así la intensidad de las autopercepciones negativas. Técnicas como las intervenciones basadas en la atención plena y la visualización compasiva promueven aún más la autoestima y la aceptación, esenciales para contrarrestar las autopercepciones negativas arraigadas.

La integración de técnicas centradas en esquemas en los planes de tratamiento también puede ser fundamental para abordar y transformar creencias fundamentales. La terapia de esquemas permite a los clientes reconocer los temas dominantes que subyacen a sus creencias fundamentales y ofrece técnicas específicas para desafiar y modificar estos esquemas persistentes. Al dilucidar el origen y la persistencia de los esquemas desadaptativos, los terapeutas pueden colaborar con los clientes para construir narrativas alternativas que promuevan creencias y conductas adaptativas.

Es fundamental que los terapeutas transmitan la importancia del cambio gradual y ofrezcan un refuerzo constante del progreso. Establecer expectativas realistas y reconocer la resiliencia necesaria para desafiar las creencias fundamentales arraigadas fomenta un camino firme y sostenible hacia la autoevaluación. El refuerzo de los pequeños logros y la integración de técnicas de replanteamiento positivo consolidan aún más el proceso de modificación de las creencias fundamentales.

Percepción del mundo

1. Procesos cognitivos que influyen en la cosmovisión:

Los procesos cognitivos que influyen en la visión del mundo en el contexto de la depresión son multifacéticos y fundamentales para comprender los mecanismos subyacentes a la percepción. Estos procesos moldean las interpretaciones, suposiciones y evaluaciones que el individuo hace del mundo externo, influyendo así significativamente en sus experiencias y respuestas emocionales. En la depresión, los procesos cognitivos desempeñan un papel fundamental en la forma en que el individuo percibe e interactúa con su entorno.

Un proceso cognitivo clave que influye en la visión del mundo es la atención selectiva. Las personas con depresión suelen mostrar una mayor tendencia a prestar atención selectiva a los estímulos negativos de su entorno, mientras que, sin darse cuenta, descuidan o descartan la información positiva o neutral. Este sesgo de atención selectiva contribuye a la perpetuación de las percepciones negativas del mundo, reforzando creencias sobre la amenaza, el rechazo y el fracaso.

Los procesos cognitivos de interpretación y juicio impactan significativamente la visión del mundo en la depresión. Las personas con síntomas depresivos pueden emplear una distorsión cognitiva conocida como «catastrofismo», en la que perciben sistemáticamente situaciones o eventos como significativamente más negativos o catastróficos de lo que son objetivamente. Esta interpretación distorsionada no solo amplifica las emociones negativas, sino que también refuerza creencias desadaptativas sobre uno mismo, el mundo y el futuro.

Otro proceso cognitivo vital que influye en la visión del mundo es la recuperación e integración de la memoria. En el contexto de la depresión, las personas pueden presentar un sesgo de recuerdo que favorece los recuerdos negativos sobre los positivos. Este sesgo consolida aún más las interpretaciones negativas de experiencias pasadas, contribuyendo a un ciclo perpetuo de pesimismo y desesperanza.

Los procesos cognitivos de rumia y sobregeneralización desempeñan un papel crucial en la formación de la cosmovisión. La rumia implica insistir repetidamente en pensamientos y experiencias negativas, amplificando su impacto emocional y exacerbando las percepciones negativas de la cosmovisión. De igual manera, la sobregeneralización lleva a las personas a extraer conclusiones radicales sobre sí mismas o el mundo basándose en casos aislados, lo que consolida aún más las creencias globales negativas.

Además, procesos cognitivos como la disonancia cognitiva y la reestructuración cognitiva impactan la visión del mundo en la depresión. La disonancia cognitiva surge cuando las personas tienen creencias contradictorias sobre sí mismas y su entorno, lo que genera malestar psicológico y una percepción distorsionada del mundo. Por otro lado, las técnicas de reestructuración cognitiva buscan desafiar y modificar patrones de pensamiento negativos arraigados, fomentando así una visión del mundo más equilibrada y adaptativa.

2. Relación entre la percepción del mundo y el comportamiento:

Los psicólogos cognitivos afirman que la percepción que un individuo tiene del mundo exterior influye significativamente en sus respuestas conductuales y experiencias emocionales. En el contexto de la depresión, las percepciones distorsionadas del mundo pueden conducir a conductas desadaptativas y contribuir al mantenimiento de estados afectivos negativos.

En el centro de esta relación se encuentra el concepto de sesgos cognitivos, según el cual las personas con depresión tienden a interpretar los eventos externos de forma negativa. Estos sesgos pueden manifestarse como atención selectiva, distorsiones de la memoria e interpretaciones sesgadas de estímulos ambiguos, lo que en última instancia configura el repertorio conductual. Por ejemplo, las personas con distorsiones cognitivas pueden prestar atención selectiva a la información que confirma su visión negativa del mundo, mientras que ignoran o minimizan los estímulos positivos o neutrales. Esta atención selectiva a las señales negativas puede fomentar conductas de evitación, aislamiento social y una menor participación en actividades gratificantes, lo que contribuye a la perpetuación de los síntomas depresivos.

No se puede pasar por alto el papel de las creencias fundamentales en la mediación de la relación entre la percepción del mundo y el comportamiento. Las creencias fundamentales, suposiciones profundamente arraigadas sobre uno mismo, los demás y el mundo, influyen en la interpretación de los acontecimientos externos y, en consecuencia, determinan las respuestas conductuales. En personas con depresión, las creencias fundamentales negativas pueden conducir a profecías autocumplidas, donde su comportamiento se alinea con su visión pesimista del mundo, reforzando la creencia negativa original. En consecuencia, estos patrones de comportamiento pueden crear ciclos de negatividad que se perpetúan, afianzando aún más la sintomatología depresiva.

Además, los factores sociocognitivos desempeñan un papel crucial en la configuración de la relación entre la percepción del mundo y el comportamiento en la depresión. Los esquemas interpersonales, desarrollados a través de experiencias pasadas e interacciones sociales, guían las expectativas e interpretaciones de las conductas de los demás. En el contexto de la depresión, los esquemas interpersonales negativos pueden provocar una mayor sensibilidad al rechazo percibido, una mala interpretación de las señales sociales y una comunicación deficiente, lo que resulta en respuestas conductuales desadaptativas como el retraimiento y la evitación social.

Comprender la compleja interacción entre la percepción del mundo y el comportamiento es fundamental para diseñar estrategias de intervención eficaces para personas con depresión. Al abordar los procesos cognitivos distorsionados y abordar las conductas desadaptativas, los profesionales sanitarios pueden trabajar para modificar las percepciones negativas del mundo y romper el ciclo de mantenimiento de los síntomas depresivos. Además, cultivar estrategias de afrontamiento adaptativas y fomentar interpretaciones realistas del mundo externo puede facilitar cambios conductuales positivos, contribuyendo a mejoras generales en el estado de ánimo y el funcionamiento.

3. Sesgos negativos en la interpretación externa:

La forma en que las personas perciben el mundo exterior está muy influenciada por sesgos cognitivos, especialmente en el contexto de la depresión. Los sesgos negativos en la interpretación externa se refieren a la tendencia a percibir e interpretar los eventos, circunstancias o información externos de forma sistemáticamente negativa. Estos sesgos pueden afectar significativamente la visión del mundo de una persona, aumentando su vulnerabilidad a los síntomas depresivos.

Uno de los sesgos cognitivos comunes observados en la depresión es la atención selectiva hacia los estímulos negativos. Las personas con depresión tienden a centrarse desproporcionadamente en los aspectos negativos de su entorno, pasando por alto las señales positivas o neutrales. Esta atención selectiva mantiene y exacerba las percepciones negativas del mundo, creando un ciclo de pesimismo y desesperanza.

Además, las personas con depresión suelen mostrar una tendencia a la generalización excesiva. Esta distorsión cognitiva implica extraer conclusiones generales sobre uno mismo, los demás o el mundo basándose en ejemplos limitados y específicos. Por ejemplo, una persona puede percibir un solo rechazo como evidencia de su antipatía universal, lo que contribuye a una visión distorsionada y negativa de sus interacciones externas.

Otro sesgo negativo prevalente en la interpretación externa es la tendencia a la filtración mental, en la que las personas con depresión amplifican los detalles negativos mientras filtran la información positiva o neutral de sus experiencias. Este proceso de filtración refuerza las percepciones negativas, distorsionando su perspectiva general del mundo exterior.

Las personas con depresión suelen experimentar una sensación de personalización, atribuyendo los eventos y resultados externos a factores internos como la incompetencia o la indignidad personal. Este estilo atribucional intensifica los sesgos negativos, lo que genera una sensación generalizada de impotencia y autoculpa.

Comprender estos sesgos negativos en la interpretación externa es crucial en el contexto de la terapia cognitiva para la depresión. Al identificar y cuestionar estas distorsiones, las personas pueden comenzar a replantear sus percepciones del mundo, aliviando así los síntomas depresivos y fomentando una perspectiva más equilibrada y adaptativa.

La investigación ofrece perspectivas prometedoras sobre las intervenciones dirigidas a abordar los sesgos negativos en la interpretación externa. Técnicas como la reestructuración cognitiva, los enfoques basados en la atención plena y la activación conductual han demostrado su eficacia para modificar estos sesgos y promover percepciones más precisas y equilibradas del mundo externo. La integración de estas estrategias en las intervenciones terapéuticas puede desempeñar un papel fundamental en la remodelación de los marcos cognitivos de las personas, fomentando así la resiliencia frente a las tendencias depresivas.

4. Creencias fundamentales que configuran la percepción del mundo:

Las creencias fundamentales surgen de experiencias tempranas e influyen significativamente en cómo las personas interpretan e interactúan con su entorno. En la teoría cognitiva de la depresión, las creencias fundamentales suelen caracterizarse por su rigidez y orientación negativa. Dichas creencias conforman la perspectiva a través de la cual las personas perciben el mundo, lo que conduce a distorsiones e interpretaciones erróneas de eventos y experiencias. Comprender la naturaleza y el impacto de estas creencias fundamentales es esencial para abordar la cognición depresiva.

Las creencias fundamentales relacionadas con la percepción del mundo suelen girar en torno a temas de seguridad, confianza y control. Las personas con depresión pueden tener creencias como «el mundo es hostil y peligroso», «no puedo confiar en nadie» o «no tengo control sobre mis circunstancias». Estas suposiciones fundamentales influyen en su comprensión de los acontecimientos externos, lo que les provoca una mayor vigilancia, sospecha y una sensación de impotencia. En consecuencia, pueden presentar conductas de evitación, aislamiento social o hipervigilancia ante las amenazas percibidas, lo que refuerza aún más su visión negativa del mundo.

Las creencias fundamentales también pueden manifestarse como atribuciones globales de responsabilidad personal por eventos o circunstancias negativas. Las personas deprimidas pueden internalizar los reveses y fracasos, atribuyéndolos a defectos o deficiencias inherentes. Esta autoculpa perpetúa sentimientos de inutilidad y contribuye a una percepción distorsionada del mundo como inherentemente implacable y carente de apoyo.

Abordar las creencias fundamentales que configuran la percepción del mundo implica una reestructuración cognitiva y desafiar los patrones de pensamiento desadaptativos. Al identificar y examinar estas creencias, las personas pueden comprender el origen de sus percepciones distorsionadas y comenzar a replantear su perspectiva. Las técnicas cognitivo-conductuales, como el cuestionamiento socrático, la recopilación de evidencias y los experimentos conductuales, pueden ayudar a modificar estas creencias fundamentales, fomentando una percepción más equilibrada y realista del mundo.

Las intervenciones terapéuticas centradas en desarrollar estrategias de afrontamiento adaptativas y mejorar la resiliencia pueden ayudar a las personas a contrarrestar la influencia generalizada de las creencias negativas fundamentales. Al cultivar un sentido de autonomía y control sobre sus experiencias, las personas pueden cambiar gradualmente su visión del mundo hacia una menos caracterizada por la desesperación y la desesperanza.

5. El papel de los constructos sociales en los puntos de vista cognitivos:

Los constructos sociales abarcan las normas sociales, las expectativas culturales y las dinámicas interpersonales, las cuales contribuyen a la percepción individual del mundo. La influencia de los constructos sociales en las perspectivas cognitivas se hace especialmente evidente al examinar cómo las personas con depresión interpretan e interactúan con su entorno.

En muchas culturas, existe una expectativa implícita de que las personas se adhieran a ciertos estándares de éxito, felicidad y realización. Estas expectativas pueden reforzar inadvertidamente patrones cognitivos negativos en personas con depresión. Por ejemplo, el énfasis social en el logro y la productividad puede exacerbar los sentimientos de incompetencia o fracaso entre quienes padecen síntomas depresivos. En consecuencia, estas personas pueden internalizar las normas sociales, lo que genera percepciones distorsionadas de sí mismas y del mundo que las rodea.

Los constructos sociales pueden perpetuar la estigmatización en torno a la salud mental, lo que repercute aún más en las perspectivas cognitivas. El miedo al juicio y al rechazo social puede disuadir a las personas de buscar ayuda o hablar abiertamente de sus dificultades, perpetuando un ciclo de aislamiento y desesperación. Como resultado, la internalización de las actitudes sociales hacia las enfermedades mentales configura el marco cognitivo a través del cual las personas perciben su lugar en el mundo.

Las relaciones interpersonales también actúan como constructos sociales influyentes que moldean las perspectivas cognitivas en la depresión. La dinámica dentro de las relaciones familiares, románticas y platónicas puede afectar significativamente la autopercepción y la visión del mundo de una persona. Por ejemplo, los conflictos no resueltos o las relaciones tensas pueden fomentar sentimientos de inutilidad o falta de amor, reforzando creencias fundamentales negativas y distorsionando las percepciones sobre las interacciones interpersonales.

El contexto cultural más amplio, incluidas las representaciones en los medios de comunicación y la cultura popular, contribuye a la formulación de perspectivas cognitivas. Las representaciones mediáticas a menudo perpetúan estándares idealizados de belleza, éxito y felicidad, lo que puede desencadenar síntomas depresivos en las personas. Además, la subrepresentación o la tergiversación de los problemas de salud mental en los medios de comunicación puede contribuir a la invalidación de las experiencias internas, distorsionando aún más las perspectivas cognitivas.

Comprender la interacción entre los constructos sociales y las perspectivas cognitivas es fundamental para abordar la depresión desde una perspectiva holística. Al reconocer y afrontar la influencia generalizada de las normas sociales, las expectativas culturales y las dinámicas interpersonales, es posible desarrollar intervenciones específicas que aborden las distorsiones cognitivas subyacentes que estos constructos perpetúan. Al fomentar la concienciación y la empatía dentro de los marcos sociales, es posible crear entornos que favorezcan el procesamiento cognitivo adaptativo y mitiguen el impacto negativo de los constructos sociales en las perspectivas cognitivas de las personas en el contexto de la depresión.

6. Impacto de los medios y la cultura en los marcos perceptuales:

El impacto de los medios de comunicación y la cultura en los marcos perceptivos es un área de estudio importante para comprender cómo las personas perciben el mundo, especialmente en el contexto de la depresión. Los medios de comunicación, como la televisión, el cine y las redes sociales, suelen presentar una versión idealizada o distorsionada de la realidad, lo que puede contribuir a percepciones distorsionadas del mundo. Las personas depresivas pueden ser más susceptibles a internalizar estas representaciones debido a sus sesgos cognitivos negativos.

Las influencias culturales también desempeñan un papel crucial en la configuración de los marcos perceptivos. Cada cultura posee normas, valores y sistemas de creencias diferentes que influyen en cómo las personas interpretan e interactúan con el mundo que las rodea. En el contexto de la depresión, los factores culturales pueden contribuir a sentimientos de aislamiento o alienación, reforzando aún más las percepciones negativas del mundo.

Los medios de comunicación y las influencias culturales pueden perpetuar los estigmas sociales en torno a la salud mental, lo que lleva a las personas con depresión a internalizar estos mensajes negativos. Esto puede resultar en una profundización de los sesgos cognitivos negativos y una mayor sensación de desesperanza y desesperación.

La ubicuidad de los medios de comunicación y la interconexión de la cultura global implican que las personas están expuestas a una multitud de perspectivas y visiones del mundo. Esta exposición puede desafiar o reforzar los marcos cognitivos existentes, dependiendo de la receptividad y resiliencia de cada individuo.

La investigación empírica ha demostrado la poderosa influencia de los medios de comunicación y la cultura en los marcos perceptivos en la depresión. Diversos estudios han demostrado correlaciones entre el consumo de medios, el contexto cultural y la gravedad de los síntomas depresivos. Además, el análisis comparativo entre individuos de diferentes contextos culturales ha revelado patrones distintivos en los marcos perceptivos, lo que arroja luz sobre la compleja interacción entre la cultura y la depresión.

7. Perspectivas depresivas versus saludables:

Las personas con depresión suelen presentar sesgos cognitivos que influyen en su percepción del mundo que las rodea. Estos sesgos pueden llevar a una tendencia a interpretar los acontecimientos de forma negativa, sobreestimar la probabilidad de resultados negativos y subestimar su capacidad para afrontar los desafíos. Por el contrario, las personas con una perspectiva sana suelen mostrar interpretaciones más equilibradas y realistas de los acontecimientos, lo que contribuye a una mayor sensación de bienestar y resiliencia.

Desde una perspectiva cognitiva, esta comparación implica examinar los pensamientos automáticos y las creencias fundamentales subyacentes que configuran las respectivas perspectivas. Las personas depresivas pueden presentar una mayor sensibilidad a los estímulos negativos, lo que resulta en una mayor concentración en los eventos adversos y una tendencia a pasar por alto los aspectos positivos de sus experiencias. Este sesgo negativo puede afectar significativamente su interpretación del mundo y contribuir al mantenimiento de sus síntomas depresivos.

En cambio, las personas con una perspectiva más saludable tienden a mostrar un patrón de pensamiento más adaptativo, caracterizado por la capacidad de reconocer tanto los aspectos positivos como los negativos de sus experiencias. Son más propensas a abordar las situaciones con una mentalidad equilibrada y a considerar un abanico más amplio de posibilidades al interpretar el mundo que las rodea. Como resultado, están mejor preparadas para afrontar la adversidad y mantener una imagen positiva de sí mismas.

El análisis comparativo profundiza en las respuestas emocionales asociadas a estas diferentes perspectivas. Las personas depresivas suelen experimentar mayores niveles de angustia y desesperanza al enfrentarse a desafíos, lo que genera una sensación generalizada de derrota e impotencia. Por otro lado, las personas con una perspectiva sana son más capaces de regular sus emociones y mantener el optimismo y el control en situaciones difíciles.

La investigación empírica ha respaldado estas observaciones, destacando los distintos patrones cognitivos y respuestas emocionales asociados con las perspectivas depresivas y saludables. Al examinar estas diferencias, investigadores y profesionales clínicos pueden comprender mejor los procesos cognitivos subyacentes a la depresión y desarrollar intervenciones específicas para abordar los patrones de pensamiento y sesgos desadaptativos.

8. Estudios empíricos que examinan la percepción del mundo en la depresión:

Los estudios han demostrado sistemáticamente que las personas con depresión tienden a mostrar una mayor propensión a interpretar negativamente los eventos y estímulos externos, atribuyendo motivos o resultados desfavorables a diversas situaciones. Además, estos estudios han indicado que las personas con depresión a menudo muestran un sesgo atencional que las lleva a identificar y concentrarse en los aspectos adversos de su entorno, mientras que pasan por alto o minimizan los estímulos positivos. Cabe destacar que los paradigmas experimentales que utilizan sondas visuales y tareas de tiempo de reacción han proporcionado evidencia empírica que respalda la presencia de dichos sesgos atencionales en personas con depresión. Asimismo, los estudios de neuroimagen han reforzado estos hallazgos al revelar patrones alterados de activación neuronal en regiones cerebrales asociadas con la percepción e interpretación de estímulos externos en personas con depresión. Estos correlatos neuronales dilucidan aún más la interconexión entre el procesamiento cognitivo y la percepción del mundo en la depresión, arrojando luz sobre las bases biológicas de la percepción desadaptativa. Investigaciones críticas también han profundizado en el papel de las experiencias tempranas y los factores ambientales en la configuración de la cosmovisión y los esquemas perceptivos en personas vulnerables a la depresión. Estudios longitudinales que rastrean la trayectoria de desarrollo de la percepción del mundo han revelado patrones cognitivos persistentes que predisponen a las personas a adoptar una perspectiva pesimista y a respaldar interpretaciones negativas de la realidad. Además, la investigación transcultural ha desvelado interesantes variaciones en la percepción del mundo en las distintas sociedades, revelando la profunda influencia de los contextos culturales en la configuración de los marcos cognitivos y las respuestas emocionales. Este amplio cuerpo de literatura empírica subraya la naturaleza multifacética de la percepción del mundo en la depresión, haciendo hincapié en los determinantes cognitivos, emocionales y ambientales entrelazados que contribuyen al mantenimiento de visiones desadaptativas del mundo. De cara al futuro, las continuas investigaciones dirigidas a dilucidar los mecanismos matizados que rigen la percepción en la depresión son prometedoras para fundamentar intervenciones específicas y enfoques terapéuticos que aborden eficazmente la percepción distorsionada del mundo y alivien la carga de la sintomatología depresiva.

Expectativas futuras y su impacto en la cognición depresiva

1. Fundamentos teóricos del pensamiento orientado al futuro:

Las teorías cognitivas postulan que las creencias y expectativas de un individuo sobre el futuro desempeñan un papel fundamental en la configuración de sus experiencias emocionales y respuestas conductuales. Estos pensamientos orientados al futuro están influenciados por el esquema cognitivo de cada uno, que abarca patrones de pensamiento profundamente arraigados desarrollados a lo largo del tiempo. La naturaleza anticipatoria de la cognición depresiva está inextricablemente ligada a cómo los individuos perciben e interpretan los eventos que aún están por desarrollarse. Según los teóricos cognitivos, estos pensamientos orientados al futuro están moldeados por sesgos y distorsiones cognitivas subyacentes, como la abstracción selectiva y el pensamiento catastrófico. Además, el trabajo de Beck y sus colegas ha destacado cómo las expectativas futuras negativas contribuyen al mantenimiento de los síntomas depresivos. Desde la perspectiva de la teoría cognitiva, la interacción con pensamientos orientados al futuro se caracteriza por una mayor atención a las amenazas potenciales y una tendencia a descartar los resultados positivos. Estos procesos cognitivos desadaptativos alimentan aún más el ciclo de afecto negativo y pesimismo. Además, la tríada cognitiva de Beck dilucida la interconexión de las visiones negativas sobre uno mismo, el mundo y el futuro, demostrando la influencia global de las expectativas futuras en el marco cognitivo general. Desde una perspectiva evolutiva, la predisposición a la vigilancia ante adversidades futuras puede tener valor adaptativo, pero en el contexto de la depresión, esta inclinación se magnifica y distorsiona. Asimismo, la teoría del estilo atribucional postula que las personas propensas a la depresión tienden a atribuir los eventos negativos a factores internos, estables y globales, lo que resulta en expectativas negativas generalizadas sobre el futuro. Esta negatividad arraigada impacta directamente en la valoración que el individuo tiene de sus propias capacidades y el potencial de cambio positivo, contribuyendo así a la perpetuación de los síntomas depresivos.

2. Impacto de las predicciones pesimistas en la salud mental:

Las predicciones pesimistas, un sello distintivo de la cognición depresiva, ejercen un profundo impacto en la salud mental, influyendo en el bienestar emocional, el comportamiento y el funcionamiento general. Cuando las personas anticipan constantemente resultados negativos o ven el futuro a través de una lente de desesperanza, pueden aumentar los sentimientos de ansiedad, estrés y desesperación. Este pesimismo implacable a menudo se convierte en un impedimento para perseguir metas y participar en actividades que podrían fomentar una sensación de realización y logro. A medida que las personas internalizan estas predicciones negativas, contribuyen a un patrón de distorsiones cognitivas que perpetúan el ciclo de la depresión. Además, el refuerzo crónico de las expectativas pesimistas puede erosionar la resiliencia, dificultando el manejo de las adversidades y los reveses. A su vez, esto exacerba la experiencia de los síntomas depresivos y puede obstaculizar el progreso de las intervenciones terapéuticas.

El impacto de las predicciones pesimistas se extiende más allá del bienestar emocional y se infiltra en diversos aspectos de la vida cotidiana. Las personas pueden mostrarse menos dispuestas a asumir riesgos o explorar nuevas oportunidades debido a la expectativa predominante de fracaso o insatisfacción. Esto puede obstaculizar el crecimiento personal y profesional, generando sentimientos de estancamiento y estancamiento. Las consecuencias de estas conductas de evasión pueden crear un ciclo que se autoperpetúa, reforzando las creencias negativas del individuo sobre sí mismo y el mundo.

Desde un punto de vista fisiológico, la anticipación crónica de resultados negativos puede contribuir a un aumento de los niveles de estrés, lo que afecta la salud física y agrava las afecciones médicas existentes. La exposición prolongada al estrés psicológico derivado de predicciones pesimistas también puede comprometer la función inmunitaria y aumentar la susceptibilidad a enfermedades, lo que complica aún más el bienestar general del individuo.

3. Distorsiones cognitivas relacionadas con el futuro:

Las distorsiones cognitivas a menudo conducen a una perspectiva distorsionada sobre los posibles resultados de eventos futuros, lo que resulta en mayores niveles de ansiedad y desesperación. Dentro del ámbito de la teoría cognitivo-conductual, se han identificado varios tipos distintos de distorsiones cognitivas que son particularmente relevantes para los pensamientos orientados al futuro. Una de estas distorsiones es la "catastrofización", donde las personas se centran excesivamente en los peores escenarios relacionados con eventos futuros, magnificando los posibles resultados negativos y descartando cualquier aspecto positivo o la probabilidad de un resultado más favorable.

Esta distorsión cognitiva puede exacerbar significativamente los sentimientos de desesperanza e impotencia, contribuyendo así al mantenimiento de los síntomas depresivos. Otra distorsión común relacionada con las expectativas futuras es la "adivinación", donde las personas predicen irracionalmente eventos futuros negativos sin evidencia ni fundamento concretos, lo que genera una sensación constante de aprensión y pesimismo. Estas distorsiones cognitivas crean una perspectiva distorsionada a través de la cual las personas ven su futuro, fomentando un ciclo de expectativas negativas y reforzando creencias desadaptativas sobre uno mismo, el mundo y el futuro. Además, las personas propensas a distorsiones cognitivas relacionadas con el futuro suelen recurrir a un filtro mental, centrándose selectivamente en la percepción de resultados negativos futuros, mientras que ignoran cualquier experiencia o evidencia positiva contradictoria. Esta atención selectiva refuerza aún más el sesgo negativo en sus expectativas futuras, perpetuando así el ciclo de la cognición depresiva. Además, las personas pueden incurrir en una generalización excesiva, donde un único evento futuro negativo se generaliza para abarcar todas las experiencias futuras, lo que genera una sensación generalizada de futilidad e inevitabilidad con respecto a los resultados positivos. Superar estas distorsiones cognitivas requiere intervenciones específicas destinadas a desafiar y reestructurar patrones de pensamiento desadaptativos relacionados con el futuro. Mediante el empleo de técnicas de reestructuración cognitiva, las personas pueden aprender a identificar, desafiar y reemplazar estas distorsiones con interpretaciones más equilibradas y realistas de los eventos futuros. Además, cultivar la atención plena y las estrategias de defusión cognitiva puede ayudar a las personas a desarrollar una relación más adaptativa con sus expectativas futuras, reduciendo así la influencia de las distorsiones cognitivas en su cognición depresiva.

4. Evidencia empírica sobre las expectativas futuras:

Numerosos estudios han buscado desentrañar la compleja interacción entre las anticipaciones individuales sobre el futuro y la aparición o perpetuación de los síntomas depresivos. Una línea de investigación destacada se ha centrado en el poder predictivo de los pensamientos orientados al futuro para influir en el bienestar emocional y la salud mental de una persona.

Investigaciones empíricas realizadas por prestigiosos investigadores en el campo de la psicología clínica han demostrado consistentemente una sólida asociación entre las expectativas negativas sobre el futuro y una mayor vulnerabilidad a la depresión. Estudios longitudinales que han seguido a individuos durante períodos prolongados han revelado que quienes albergan perspectivas negativas generalizadas sobre el futuro tienen un mayor riesgo de desarrollar y mantener síntomas depresivos. Estos hallazgos subrayan las profundas implicaciones de las expectativas futuras como determinante crítico del malestar psicológico.

Estudios experimentales que emplean diversas metodologías, incluyendo paradigmas de preparación cognitiva y evaluaciones basadas en escenarios, han aportado evidencia contundente de los efectos perjudiciales de las predicciones pesimistas sobre el futuro en los procesos cognitivos. Estas investigaciones han puesto de manifiesto la naturaleza generalizada de las distorsiones cognitivas relacionadas con el futuro, dilucidando cómo las percepciones distorsionadas del futuro pueden generar una profunda sensación de desesperanza y desesperación.

Es importante destacar que los estudios de neuroimagen que utilizan técnicas neurocientíficas avanzadas han enriquecido nuestra comprensión de los sustratos neuronales que subyacen a la cognición orientada al futuro en la depresión. Investigaciones de vanguardia que emplean resonancia magnética funcional (fMRI) y electroencefalografía (EEG) han ofrecido información sin precedentes sobre la actividad cerebral aberrante asociada con expectativas futuras desadaptativas, destacando la interacción entre los procesos cognitivos y los circuitos neuronales.

Las revisiones metaanalíticas que consolidan los hallazgos de numerosos estudios independientes han subrayado la consistencia y la generalización del vínculo entre las expectativas futuras y la sintomatología depresiva en diversas poblaciones y contextos culturales. Esta convergencia de evidencia consolida aún más la importancia de las expectativas futuras como objetivo clave de la intervención terapéutica, lo que requiere estrategias personalizadas para mejorar las perspectivas negativas sobre el futuro y mitigar su impacto negativo en el bienestar mental.

5. El papel de la desesperanza en la depresión:

La desesperanza es un rasgo significativo en el contexto de la cognición depresiva. Representa un pesimismo generalizado sobre el futuro, a menudo caracterizado por la creencia de que es improbable que las circunstancias mejoren. Esta distorsión cognitiva está estrechamente vinculada a la tríada cognitiva y desempeña un papel fundamental en la configuración de la experiencia depresiva general. En el contexto de la depresión, las personas pueden percibir su situación actual como inmutable y sentirse incapaces de modificarla, perpetuando así un ciclo de expectativas negativas.

Las investigaciones han demostrado sistemáticamente la estrecha relación entre la desesperanza y los síntomas depresivos graves. Las personas que experimentan sentimientos intensos de desesperanza suelen presentar niveles más altos de anhedonia, fatiga y una mayor tendencia a la ideación suicida. Además, la sensación de desesperanza puede reducir la motivación para participar en actividades que podrían aliviar los síntomas depresivos, lo que agrava la enfermedad. Desde una perspectiva cognitiva, la desesperanza influye considerablemente en la interpretación de los acontecimientos, lo que a menudo genera una percepción distorsionada de la realidad y refuerza creencias negativas fundamentales.

El impacto de la desesperanza en las personas con depresión trasciende la esfera emocional, permeando sus procesos cognitivos y patrones de comportamiento. Este profundo pesimismo sobre el futuro fomenta una sensación de encierro y puede llevar a las personas a interpretar incluso los acontecimientos positivos de forma negativa. La omnipresencia de esta distorsión cognitiva puede dar lugar a una profecía autocumplida, en la que las personas actúan bajo la suposición de que nada mejorará, y en consecuencia, no buscan ni reconocen activamente las oportunidades positivas.

La presencia de desesperanza complica el proceso terapéutico, ya que las personas pueden tener dificultades para participar en intervenciones dirigidas a reestructurar sus cogniciones. Abordar la desesperanza requiere un enfoque multifacético que abarque la reestructuración cognitiva, el fomento de la fijación de objetivos realistas y el fomento de un entorno de apoyo. Al desafiar los patrones de pensamiento desadaptativos y promover un cambio gradual hacia una perspectiva más equilibrada sobre el futuro, los profesionales de la salud mental pueden comenzar a contrarrestar la influencia de la desesperanza en el contexto de la depresión.

6. La profecía autocumplida de las expectativas negativas:

Las expectativas negativas desempeñan un papel fundamental en la experiencia de las personas con depresión, perpetuando un ciclo de negatividad que influye en sus pensamientos, emociones y comportamientos. La profecía autocumplida de las expectativas negativas es un fenómeno en el que las creencias de una persona sobre el futuro contribuyen directamente a los resultados que experimenta, reforzando y perpetuando así sus expectativas negativas iniciales. Este ciclo autoperpetuante puede tener profundas implicaciones para el bienestar cognitivo y emocional de las personas que luchan contra la depresión. Es fundamental reconocer la poderosa influencia de las expectativas negativas y su capacidad para moldear la trayectoria de las experiencias de una persona. Desde la perspectiva de la teoría cognitiva, se hace evidente que las expectativas negativas a menudo conducen a una percepción e interpretación selectivas de los acontecimientos, lo que refuerza aún más la perspectiva pesimista de la persona. Este procesamiento sesgado de la información sirve para confirmar y consolidar las expectativas negativas de la persona, creando un ciclo de retroalimentación que contribuye al mantenimiento de los síntomas depresivos. Además, la profecía autocumplida de las expectativas negativas también puede influir en las respuestas conductuales de una persona, llevándola a actuar de maneras que se alinean con sus predicciones pesimistas. Estos comportamientos, a su vez, pueden provocar reacciones sociales y ambientales que validan las expectativas negativas de la persona, reforzando un círculo vicioso de negatividad. Comprender la dinámica de la profecía autocumplida en el contexto de la depresión es esencial para desarrollar intervenciones y estrategias terapéuticas eficaces. Al identificar y desafiar las expectativas negativas, las personas pueden comenzar a liberarse del círculo autorreforzante y cultivar una perspectiva más adaptativa y esperanzadora. Las intervenciones psicosociales, como la terapia cognitivo-conductual, buscan abordar y replantear las expectativas negativas mediante el análisis de la evidencia a favor y en contra de estas creencias, el fomento de estrategias de afrontamiento adaptativas y la promoción de interpretaciones alternativas de los acontecimientos. Además, fomentar un sentido de autonomía y empoderamiento empodera a las personas para participar activamente en la reformulación de sus expectativas futuras y la alteración de la trayectoria de la profecía autocumplida. Al interrumpir el ciclo de retroalimentación negativa e infundir esperanza, las personas pueden atenuar gradualmente el impacto de las expectativas negativas en su cognición depresiva, allanando el camino para una perspectiva más positiva y satisfactoria de la vida.

7. Intervenciones dirigidas a las cogniciones orientadas al futuro:

La terapia cognitivo-conductual (TCC) ha sido fundamental para abordar las cogniciones orientadas al futuro en personas con síntomas depresivos. Una de las intervenciones clave empleadas en el marco de la TCC es la reestructuración cognitiva, cuyo objetivo es identificar y desafiar los patrones de pensamiento desadaptativos relacionados con las expectativas futuras. Mediante un proceso colaborativo y sistemático, se guía a las personas para que reconozcan sus predicciones negativas sobre el futuro y evalúen la evidencia que las respalda. Esta intervención empodera a las personas para desarrollar evaluaciones más equilibradas y realistas de los eventos futuros, reduciendo así la influencia del pensamiento distorsionado en su bienestar emocional.

Otra intervención eficaz consiste en la implementación de técnicas de resolución de problemas. Al animar a las personas a participar en actividades estructuradas de resolución de problemas, los terapeutas les proporcionan habilidades para abordar posibles factores estresantes y desafíos futuros. Este enfoque fomenta una sensación de control y eficacia, lo que permite a las personas afrontar situaciones futuras con mayor resiliencia y adaptabilidad. Además, las intervenciones basadas en la atención plena han demostrado resultados prometedores en el cultivo de la conciencia del momento presente y la reducción de la preocupación excesiva por resultados negativos futuros. Al mejorar la capacidad de las personas para anclarse en el presente, las prácticas de atención plena mitigan el impacto de las expectativas pesimistas sobre el futuro en su estado de ánimo y psicológico general.

Un creciente número de investigaciones ha investigado la eficacia de las intervenciones basadas en imágenes para abordar las cogniciones orientadas al futuro. Las técnicas de imágenes guiadas implican la visualización de escenarios futuros positivos, contrarrestando así la negatividad generalizada inherente a la cognición depresiva. En combinación con la reestructuración cognitiva, la imaginación guiada sirve como una herramienta potente para redefinir las perspectivas de las personas sobre el futuro y promover una perspectiva más esperanzadora. Además, los enfoques de terapia narrativa ofrecen una vía única para reescribir la propia narrativa futura, permitiendo a las personas construir historias alternativas y más empoderadoras sobre sus trayectorias futuras.

Las intervenciones complementarias, como la activación conductual, desempeñan un papel fundamental para redirigir la atención de las personas desde las expectativas negativas sobre el futuro hacia la participación en actividades significativas y gratificantes en el presente. Al facilitar una mayor participación en experiencias positivas, la activación conductual sirve para contrarrestar la pasividad y el retraimiento que suelen asociarse con la cognición depresiva. Es importante destacar que estas intervenciones se adaptan a las necesidades y preferencias individuales, garantizando que el enfoque terapéutico se adapte al panorama cognitivo y los objetivos personales únicos de cada persona.

Desarrollo y naturaleza de las creencias desadaptativas

1. Orígenes de las creencias desadaptativas:

Las creencias desadaptativas, estructuras cognitivas profundamente arraigadas que influyen en la percepción e interpretación de las experiencias, suelen tener sus raíces en la historia del desarrollo individual. Su formación se remonta a experiencias de la primera infancia, así como a interacciones sociales y ambientales continuas.

Las experiencias de la primera infancia desempeñan un papel fundamental en la formación de las creencias fundamentales que las personas tienen sobre sí mismas, los demás y el mundo. Durante este período formativo, los niños dependen en gran medida de sus cuidadores y seres queridos para obtener validación, apoyo y orientación. Las experiencias positivas fomentan la autoestima, la seguridad y el optimismo, mientras que las negativas o traumáticas pueden generar sentimientos de incompetencia, miedo y pesimismo. Estas dinámicas relacionales tempranas y las influencias ambientales sientan las bases para el desarrollo de creencias fundamentales que posteriormente pueden manifestarse como esquemas desadaptativos.

Las distorsiones cognitivas, como el pensamiento en blanco y negro, el catastrofismo y la personalización, a menudo se entrelazan con la formación de creencias desadaptativas. Estas distorsiones distorsionan las percepciones y refuerzan patrones de pensamiento negativos, lo que contribuye a la consolidación de creencias desadaptativas. A medida que las personas lidian con las complejidades de la adolescencia y la adultez temprana, estas distorsiones cognitivas pueden acentuarse, consolidando aún más las creencias desadaptativas y moldeando su visión del mundo.

Además, no puede ignorarse el papel de los factores ambientales, como la dinámica familiar, las expectativas sociales y las influencias culturales, en la génesis de las creencias desadaptativas. Los sistemas familiares caracterizados por la disfunción, la negligencia o el abuso pueden generar creencias de indignidad, desconfianza e impotencia. De igual manera, las presiones sociales más amplias relacionadas con el éxito, los estándares de belleza y los logros pueden impulsar el desarrollo de creencias desadaptativas relacionadas con la incompetencia, la comparación y el miedo al fracaso.

Las predisposiciones genéticas y los rasgos de temperamento contribuyen a la vulnerabilidad de un individuo a desarrollar creencias desadaptativas. Las investigaciones sugieren que ciertos rasgos de personalidad, como el neuroticismo o la introversión, pueden aumentar la propensión a internalizar creencias y experiencias negativas, lo que amplifica el impacto de los factores evolutivos en la construcción de creencias desadaptativas.

2. Distorsiones cognitivas y su correlación con creencias desadaptativas:

Las distorsiones cognitivas, según las propuestas de Beck, son patrones de pensamiento irracionales que conducen a percepciones distorsionadas de la realidad, reforzando esquemas y creencias negativos. Las distorsiones cognitivas identificadas por Beck y sus colegas incluyen el pensamiento de todo o nada, la sobregeneralización, el filtrado mental, la descalificación de lo positivo, las conclusiones precipitadas, la magnificación y la minimización, el razonamiento emocional, las afirmaciones del tipo «debería», el etiquetado y el etiquetado incorrecto, y la personalización. Estos procesos de pensamiento distorsionados contribuyen significativamente a la formación y perpetuación de creencias desadaptativas, influyendo así en las respuestas emocionales y los patrones de comportamiento.

Estudios empíricos han corroborado la asociación entre las distorsiones cognitivas y las creencias desadaptativas, destacando la interacción cognitivo-afectiva subyacente a la sintomatología depresiva. Mediante análisis sistemáticos de personas con depresión, los investigadores han observado un patrón consistente en el que los patrones de pensamiento distorsionados se alinean estrechamente con el contenido de las creencias desadaptativas. Además, la investigación longitudinal ha demostrado la persistencia de estas distorsiones cognitivas, lo que indica su influencia sostenida en las creencias desadaptativas a lo largo del tiempo.

La relación bidireccional entre las distorsiones cognitivas y las creencias desadaptativas sugiere que ambos constructos se refuerzan mutuamente, dando lugar a un ciclo autoperpetuante de cogniciones negativas y sistemas de creencias disfuncionales. A medida que las distorsiones cognitivas distorsionan la interpretación que uno tiene de los acontecimientos, las experiencias y de sí mismo, refuerzan las creencias desadaptativas, consolidando aún más los esquemas negativos y los sesgos cognitivos.

Reconocer la correlación entre las distorsiones cognitivas y las creencias desadaptativas es crucial para diseñar intervenciones dirigidas a reestructurar los patrones de pensamiento y las creencias disfuncionales. Modalidades terapéuticas como la reestructuración cognitiva y la terapia cognitivo-conductual (TCC) enfatizan la identificación y modificación de las distorsiones cognitivas como estrategia fundamental para mejorar las creencias desadaptativas y aliviar los síntomas depresivos. Al abordar distorsiones cognitivas específicas y sus creencias desadaptativas asociadas, las personas pueden replantear gradualmente sus procesos de pensamiento, fomentando creencias adaptativas y marcos cognitivos más saludables.

3. El papel de los factores ambientales en la formación de creencias desadaptativas:

El entorno social, cultural y familiar en el que crece una persona influye significativamente en su marco cognitivo y sistema de creencias. Estas influencias ambientales contribuyen a moldear las perspectivas, actitudes e interpretaciones de las experiencias, sentando así las bases para la formación de creencias desadaptativas. La dinámica familiar, las experiencias de la primera infancia, las interacciones sociales y las normas sociales contribuyen a los esquemas cognitivos que subyacen a las creencias desadaptativas. Los entornos familiares caracterizados por la crítica constante, la negligencia o el refuerzo inconsistente pueden fomentar creencias negativas sobre uno mismo y el mundo. Además, la exposición a eventos traumáticos o factores estresantes crónicos en el entorno puede impulsar el desarrollo de creencias desadaptativas arraigadas en el miedo, la desconfianza o la impotencia. Los factores culturales y sociales también desempeñan un papel fundamental en la formación de creencias desadaptativas. El énfasis social en el logro, el perfeccionismo y la apariencia puede llevar a las personas a desarrollar estándares rígidos e irrealistas, lo que contribuye a la formación de creencias desadaptativas relacionadas con la inutilidad, la incompetencia o el fracaso. Además, el estigma social y la discriminación pueden perpetuar creencias negativas sobre uno mismo y reforzar una sensación de desesperanza. Las interacciones sociales y las relaciones con los iguales contribuyen significativamente a la formación de creencias desadaptativas. Los casos repetidos de rechazo, traición o invalidación pueden consolidar autopercepciones negativas y fomentar la desconfianza en los demás, lo que afianza aún más las creencias desadaptativas.

4. Influencias genéticas en la vulnerabilidad cognitiva:

La investigación en psicología y genética ha demostrado que las variaciones genéticas pueden contribuir a vulnerabilidades cognitivas, lo que puede aumentar el riesgo de desarrollar creencias desadaptativas asociadas con la depresión. Comprender la interacción entre la genética y la cognición es esencial para comprender la naturaleza compleja de las creencias desadaptativas.

La exploración de las influencias genéticas en la vulnerabilidad cognitiva implica investigar la heredabilidad de los rasgos cognitivos relacionados con la formación y el mantenimiento de creencias. Diversos estudios han identificado marcadores genéticos específicos asociados a procesos cognitivos como la atención, la memoria y los estilos de procesamiento de la información, estrechamente vinculados al desarrollo de creencias desadaptativas. Además, estudios con gemelos han aportado pruebas contundentes de la heredabilidad de las vulnerabilidades cognitivas, lo que indica que los factores genéticos contribuyen significativamente a las diferencias individuales en los sistemas de creencias.

Los avances en genética molecular han permitido la identificación de genes candidatos implicados en el funcionamiento cognitivo y la regulación emocional. Estos genes pueden influir en los sistemas de neurotransmisores, la neuroplasticidad y la reactividad al estrés, componentes integrales de la vulnerabilidad cognitiva. Las interacciones entre estos factores genéticos y las experiencias ambientales configuran aún más las predisposiciones cognitivas de un individuo, haciéndolo más susceptible a sistemas de creencias desadaptativos ante la adversidad.

Es importante destacar que comprender las influencias genéticas en la vulnerabilidad cognitiva no implica determinismo, sino que resalta la compleja interacción entre las predisposiciones genéticas y las influencias ambientales. Las personas con ciertos perfiles genéticos pueden mostrar una mayor sensibilidad a los estímulos negativos o una mayor reactividad al estrés, lo que puede contribuir a la formación y el refuerzo de creencias desadaptativas. Sin embargo, es crucial enfatizar que las predisposiciones genéticas no predestinan a las personas a desarrollar creencias desadaptativas, ya que los factores ambientales y los procesos psicológicos también desempeñan un papel fundamental en la formación de creencias y la resiliencia.

5. La persistencia de patrones de pensamiento disfuncionales:

Los patrones de pensamiento disfuncionales, una vez establecidos, suelen exhibir una persistencia notable que puede afectar significativamente el funcionamiento cognitivo y emocional de una persona. Estos patrones cognitivos arraigados, moldeados por las experiencias y reforzados mediante interpretaciones constantes, continúan influyendo en la percepción que uno tiene de sí mismo, del mundo y del futuro.

Una razón para la persistencia de patrones de pensamiento disfuncionales es su relación recíproca con las emociones. Cuando las personas experimentan emociones negativas, como la tristeza o la ansiedad, pueden reforzar las creencias negativas subyacentes, lo que genera un patrón cíclico de pensamiento distorsionado y un mayor malestar emocional. Esta perpetuación de ciclos negativos de pensamiento y emoción contribuye al mantenimiento de patrones cognitivos disfuncionales a lo largo del tiempo.

Los sesgos cognitivos, como la atención selectiva y la evocación, desempeñan un papel fundamental en la perpetuación de patrones de pensamiento disfuncionales. Las personas con depresión tienden a prestar atención selectiva a la información que concuerda con sus creencias negativas, mientras que ignoran o minimizan la evidencia que las contradice. Este procesamiento sesgado de la información refuerza los esquemas negativos y afianza aún más las creencias desadaptativas, manteniendo así los patrones cognitivos disfuncionales.

Además, los procesos cognitivo-evaluativos implicados en el mantenimiento de patrones de pensamiento disfuncionales suelen operar fuera de la consciencia. Los pensamientos automáticos, derivados de creencias profundamente arraigadas, surgen con rapidez y parecen reflexivos, lo que dificulta que las personas reconozcan y cuestionen su naturaleza irracional. Como resultado, estos pensamientos automáticos se arraigan profundamente en el funcionamiento cognitivo del individuo, contribuyendo a la persistencia de los patrones de pensamiento disfuncionales.

El contexto ambiental en el que se insertan las personas con creencias desadaptativas puede reforzarlas y perpetuarlas. La exposición persistente a eventos vitales adversos, factores estresantes crónicos o entornos sociales desfavorables puede servir para validar y consolidar creencias negativas, contribuyendo así a la resistencia al cambio en los patrones cognitivos.

Es fundamental comprender que la persistencia de patrones de pensamiento disfuncionales se manifiesta no solo en el ámbito cognitivo, sino también en el comportamiento. Estos patrones cognitivos persistentes influyen en las respuestas conductuales del individuo, lo que lleva al retraimiento, la evitación y otras estrategias de afrontamiento desadaptativas que perpetúan el ciclo de pensamiento negativo.

6. Interacción entre rasgos de personalidad y creencias desadaptativas:

Los rasgos de personalidad desempeñan un papel fundamental en la configuración de los patrones cognitivos de un individuo, incluyendo la formación y el mantenimiento de creencias desadaptativas. La interacción entre la personalidad y las creencias desadaptativas es compleja y multifacética, y a menudo se influyen mutuamente de forma recíproca. Comprender esta interacción es crucial para comprender la etiología y la persistencia de las creencias desadaptativas.

Un aspecto importante de esta interacción es la influencia de los rasgos de personalidad en la interpretación de experiencias y eventos. Las personas con ciertas tendencias de personalidad, como altos niveles de neuroticismo o perfeccionismo, pueden ser más propensas a desarrollar creencias desadaptativas debido a sus patrones habituales de interpretación negativa de las situaciones. Por ejemplo, una persona con altos niveles de neuroticismo puede estar predispuesta a anticipar constantemente resultados negativos, lo que lleva a la formación de creencias pesimistas y distorsionadas sobre sí misma, los demás y el mundo.

Ciertos rasgos de personalidad pueden actuar como factores de vulnerabilidad que predisponen a las personas a desarrollar creencias desadaptativas ante eventos vitales adversos. Por ejemplo, las personas con un estilo de apego evitativo, caracterizado por el miedo al rechazo y una baja autoestima, podrían ser particularmente susceptibles a desarrollar creencias desadaptativas sobre sí mismas y sus relaciones tras episodios de rechazo o fracaso.

Por el contrario, las creencias desadaptativas también pueden moldear la personalidad y las tendencias conductuales de un individuo. Con el tiempo, la internalización de creencias negativas y distorsionadas puede contribuir a la amplificación de ciertos rasgos de personalidad desadaptativos. Por ejemplo, las creencias persistentes de incompetencia personal pueden reforzar sentimientos de inseguridad y dudas sobre uno mismo, perpetuando así comportamientos asociados con rasgos de personalidad evitativos o ansiosos.

La interacción entre los rasgos de personalidad y las creencias desadaptativas trasciende el ámbito individual y abarca las dinámicas interpersonales y las interacciones sociales. La presencia de creencias desadaptativas puede influir en la forma en que las personas interactúan con los demás, afectando sus estilos de comunicación, las estrategias de resolución de conflictos y la satisfacción en las relaciones. De igual manera, la personalidad de las personas puede influir en la recepción e interpretación de la retroalimentación y la validación de su entorno social, reforzando o cuestionando aún más las creencias desadaptativas existentes.

7. Influencia de las interacciones sociales en la formación de creencias:

Las interacciones sociales sirven como un poderoso medio a través del cual las personas internalizan la retroalimentación, las opiniones y las normas sociales. Durante sus años de formación, los niños se basan en las interacciones con su familia, compañeros e instituciones educativas para construir su comprensión de sí mismos y del mundo. Las interacciones positivas y de validación pueden fomentar creencias adaptativas, mientras que las interacciones negativas o críticas pueden contribuir a la internalización de creencias desadaptativas. Estas creencias suelen reforzarse y perpetuarse a través de las interacciones sociales continuas, creando un patrón cíclico que sustenta los procesos de pensamiento disfuncionales.

La influencia de la comparación social es innegable. Las personas se comparan con otras personas de su círculo social, lo que lleva a la adopción de sistemas de creencias similares. Este proceso es especialmente relevante en la era de las redes sociales, donde las representaciones idealizadas y los estilos de vida preestablecidos pueden exacerbar los sentimientos de incompetencia y promover la adopción de creencias desadaptativas. Además, las normas sociales y las expectativas culturales influyen significativamente en los sistemas de creencias, ya que las personas se esfuerzan por ajustarse a los estándares percibidos de éxito, belleza y felicidad que se propagan en su entorno social.

El apoyo y la validación social también tienen un peso considerable en la formación de creencias. Las interacciones de apoyo y empatía pueden servir como protección contra el desarrollo de creencias desadaptativas, mientras que la falta de refuezo positivo o respuestas invalidantes puede reforzar las creencias negativas existentes. La calidad de las relaciones sociales, incluyendo las familiares, con los iguales y las románticas, influye en el grado en que las creencias desadaptativas se mantienen o se cuestionan. Por ejemplo, las personas atrincheradas en relaciones tóxicas o abusivas pueden internalizar creencias dañinas sobre sí mismas, perpetuando un ciclo de cognición negativa.

8. Transición de creencias desadaptativas a lo largo de la vida:

Las creencias desadaptativas exhiben una notable capacidad de persistencia y transformación a lo largo de la vida. Comprender su naturaleza dinámica es crucial para dilucidar su impacto en la salud mental a lo largo del tiempo. Durante la infancia y la adolescencia, las creencias desadaptativas pueden surgir como respuesta a experiencias tempranas, como dinámicas familiares adversas, relaciones con los compañeros o dificultades académicas. A medida que las personas transitan hacia la adultez temprana, estas creencias pueden evolucionar ante cambios en los roles sociales, los objetivos educativos y las aspiraciones profesionales. La influencia de las normas sociales y las expectativas culturales configura aún más la trayectoria de las creencias desadaptativas durante esta etapa de la vida. Es fundamental reconocer que las transiciones a la adultez conllevan importantes ajustes cognitivos, emocionales y de identidad, que pueden impulsar la persistencia o modificación de las creencias desadaptativas. Además, a medida que las personas avanzan hacia la adultez media y tardía, acontecimientos vitales como cambios profesionales, desarrollo de relaciones y problemas de salud pueden desencadenar cambios en las creencias desadaptativas. La jubilación, las responsabilidades de cuidado y los cambios relacionados con el envejecimiento pueden impulsar reflexiones sobre el autoconcepto y las expectativas futuras, influyendo así en la naturaleza y la perpetuación de las creencias desadaptativas. Además, la prevalencia de enfermedades comórbidas y la manifestación de preocupaciones existenciales en etapas posteriores de la vida contribuyen a la evolución de las creencias desadaptativas. En consecuencia, las intervenciones terapéuticas dirigidas a abordar las creencias desadaptativas deben adaptarse para considerar sus trayectorias de desarrollo específicas. La integración de perspectivas a lo largo de la vida en las intervenciones cognitivas permite identificar períodos críticos para la intervención y utilizar estrategias apropiadas para la edad. Asimismo, el fomento de la resiliencia y las técnicas de reestructuración cognitiva adaptativa pueden mitigar la influencia de las creencias desadaptativas en las diferentes etapas de la vida. Se anima tanto a profesionales clínicos como a investigadores a adoptar un enfoque centrado en el ciclo vital al conceptualizar, evaluar y tratar las creencias desadaptativas, lo que enriquece la eficacia y la relevancia de las intervenciones cognitivas a lo largo del continuo del desarrollo humano.

Interrelación entre cognición y emoción en la depresión

1. Introducción a los constructos cognitivos y emocionales:

Los constructos cognitivos se refieren a los procesos mentales implicados en la adquisición de conocimiento y comprensión, incluyendo la percepción, la memoria, el razonamiento y la toma de decisiones. En el contexto de la depresión, los constructos cognitivos abarcan una gama de patrones de pensamiento, creencias e interpretaciones que influyen en la experiencia emocional y el comportamiento. Estos constructos suelen caracterizarse por sesgos negativos, percepciones distorsionadas y un procesamiento disfuncional de la información. En el ámbito emocional, los constructos se refieren a la experiencia subjetiva de sentimientos y estados afectivos, abarcando un amplio espectro que va desde la tristeza y la desesperanza hasta la ansiedad y la agitación. Comprender la interacción entre los constructos cognitivos y emocionales es esencial para comprender las complejidades de los trastornos depresivos.

Los componentes clave de los constructos cognitivos incluyen los esquemas cognitivos, que son patrones organizados de pensamiento y sistemas de creencias que configuran la percepción e interpretación de los estímulos. Algunos ejemplos son el autoesquema, el esquema del mundo y el esquema del futuro, que sustentan la visión que un individuo tiene de sí mismo, de su entorno y de su perspectiva del futuro. Por otro lado, los constructos emocionales implican la evaluación y la expresión de las emociones, como la capacidad de reconocerlas y etiquetarlas, y la regulación de las respuestas emocionales. Tanto los constructos cognitivos como los emocionales interactúan de forma dinámica, influyéndose mutuamente y contribuyendo al mantenimiento y la exacerbación de los síntomas depresivos.

Los constructos cognitivos y emocionales están estrechamente vinculados a través de diversos procesos de evaluación cognitiva. Las evaluaciones cognitivas implican la evaluación de situaciones, eventos o pensamientos, y la asignación de significado e importancia a estos. En el contexto de la depresión, las personas pueden presentar distorsiones cognitivas, como la sobregeneralización, la personalización o el pensamiento catastrófico, lo que conduce a respuestas emocionales desadaptativas. Por ejemplo, una interpretación negativa de un evento específico puede desencadenar intensos sentimientos de tristeza o desesperación, perpetuando un ciclo de cognición y emoción negativas.

No se puede pasar por alto el papel de las creencias fundamentales en la formación de los constructos cognitivos y emocionales. Estas creencias son suposiciones fundamentales y profundamente arraigadas sobre uno mismo, los demás y el mundo, que a menudo se desarrollan en la infancia y se refuerzan mediante experiencias repetidas. Estas creencias influyen considerablemente en los procesos cognitivos y emocionales, actuando como filtros perceptivos a través de los cuales las personas interpretan sus experiencias. Cuando las creencias fundamentales son negativas o desadaptativas, pueden tener un impacto significativo en el desarrollo y mantenimiento de los síntomas depresivos, moldeando el panorama cognitivo y emocional del individuo.

2. Fundamentos teóricos de las interacciones cognitivo-emocionales:

La relación entre la cognición y la emoción constituye la piedra angular para comprender los procesos psicológicos subyacentes a la depresión. En esencia, esta interacción está determinada por diversas teorías y modelos propuestos para describir cómo los factores cognitivos y emocionales se influyen mutuamente en el contexto de los trastornos depresivos. Un fundamento teórico fundamental es la teoría cognitiva propuesta por Aaron Beck, que subraya el papel crucial de los patrones de pensamiento disfuncionales y su impacto en las emociones. Según esta teoría, los esquemas cognitivos desadaptativos y los pensamientos automáticos negativos contribuyen al desarrollo y mantenimiento de los síntomas depresivos. Estas distorsiones cognitivas, como la catastrofización o la sobregeneralización, están estrechamente relacionadas con las respuestas emocionales, perpetuando un ciclo de negatividad y desesperación. Además, el modelo transaccional del estrés y el afrontamiento dilucida la naturaleza bidireccional de las interacciones cognitivo-emocionales, destacando que las evaluaciones cognitivas de una situación pueden influir significativamente en las experiencias emocionales, y viceversa. Este proceso dinámico configura la vulnerabilidad de las personas a la depresión y su capacidad para afrontar eficazmente los factores estresantes. Además, la perspectiva de la neurociencia afectiva postula que los dominios cognitivo y emocional están interconectados a nivel neurobiológico, involucrando circuitos neuronales y sistemas de neurotransmisores específicos. Esta comprensión es fundamental para dilucidar las causas subyacentes de los trastornos del estado de ánimo y facilitar intervenciones específicas. Asimismo, las teorías interpersonales de la depresión resaltan la importancia de los sesgos cognitivos y la regulación emocional en el funcionamiento interpersonal, arrojando luz sobre cómo los patrones cognitivos disfuncionales impactan las interacciones y relaciones sociales, exacerbando así los síntomas depresivos. Estos fundamentos teóricos, en conjunto, subrayan la naturaleza compleja y bidireccional de las interacciones cognitivo-emocionales en el inicio y la perpetuación de la depresión, ofreciendo perspectivas cruciales tanto para los avances teóricos como para las intervenciones clínicas.

3. Mecanismos que vinculan la cognición y la emoción:

Los mecanismos que vinculan la cognición y la emoción en el contexto de la depresión son complejos y multifacéticos, lo que arroja luz sobre la interacción entre estos dos dominios. Un mecanismo fundamental es el proceso de evaluación cognitiva, en el que las personas evalúan e interpretan eventos externos o pensamientos internos, lo que conduce a la generación de respuestas emocionales. La interpretación de un evento o situación a través de un sesgo cognitivo negativo puede desencadenar una mayor reactividad emocional, especialmente en la depresión. Además, los sesgos atencionales desempeñan un papel crucial al dirigir los recursos cognitivos hacia estímulos negativos, influyendo así en las experiencias emocionales. Esta atención selectiva hacia las señales negativas puede exacerbar los síntomas depresivos, lo que pone de relieve el profundo impacto de los procesos cognitivos en los estados emocionales. Asimismo, los sesgos de memoria, como la mayor evocación de recuerdos negativos en comparación con los positivos, contribuyen al mantenimiento del afecto depresivo al perpetuar los esquemas cognitivos negativos y el malestar emocional. Además de estos procesos cognitivos, el papel de las creencias fundamentales y las distorsiones cognitivas es crucial para comprender los mecanismos que vinculan la cognición y la emoción en la depresión. Las creencias centrales desadaptativas, derivadas de experiencias tempranas, moldean la percepción personal, del mundo y del futuro, influyendo en consecuencia en las experiencias emocionales. Las distorsiones cognitivas, como el pensamiento en blanco y negro, la catastrofización y la personalización, exacerban aún más los trastornos emocionales y perpetúan los ciclos depresivos. Es importante destacar que estos mecanismos interactúan bidireccionalmente, ya que los procesos cognitivos influyen en las experiencias emocionales y viceversa. Por ejemplo, los estados emocionales intensos pueden conducir a un mayor refuerzo de patrones cognitivos negativos, creando un ciclo autoperpetuante de interacciones cognitivo-emocionales. Además, las diferencias individuales en los estilos cognitivos y las estrategias de regulación emocional modulan el impacto de estos mecanismos, lo que subraya la importancia de considerar enfoques personalizados para abordar las interacciones cognitivo-emocionales en la depresión.

4. Distorsiones cognitivas y respuestas emocionales:

Las distorsiones cognitivas, conceptualizadas en el marco de la teoría cognitiva, se refieren a los patrones de pensamiento sesgados que suelen presentar las personas con depresión. Estas distorsiones pueden llevar a interpretaciones negativas de los acontecimientos, las interacciones y el Yo, lo que contribuye a una respuesta emocional intensificada. En esta compleja interacción entre cognición y emoción, se han identificado distorsiones cognitivas específicas como factores influyentes en la configuración de las experiencias emocionales de las personas con depresión. Las distorsiones cognitivas comunes incluyen, entre otras: el filtrado (centrarse únicamente en los aspectos negativos e ignorar los positivos), el pensamiento polarizado (considerar las situaciones como extremos, sin punto medio), la sobregeneralización (llegar a conclusiones negativas generales con base en evidencia limitada) y la personalización (atribuir una responsabilidad excesiva a los acontecimientos externos). Cada tipo de distorsión puede afectar profundamente las respuestas emocionales al perpetuar el afecto negativo y reforzar estrategias de afrontamiento desadaptativas. La manifestación de estas distorsiones suele provocar una mayor reactividad emocional, incluyendo sentimientos de ansiedad, tristeza, ira o desesperanza. Estas respuestas emocionales, a su vez, pueden reforzar aún más los patrones cognitivos negativos, creando una relación cíclica entre la cognición distorsionada y la emocionalidad intensificada. Reconocer y comprender estas distorsiones cognitivas y su influencia directa en las respuestas emocionales es crucial para una intervención y un tratamiento eficaces de los síntomas depresivos. Las terapias cognitivo-conductuales buscan abordar y desafiar estas distorsiones mediante técnicas de reestructuración cognitiva combinadas con intervenciones centradas en las emociones.

5. Estudios empíricos sobre correlatos cognitivo-emocionales:

Los estudios empíricos han desempeñado un papel crucial en el avance de nuestra comprensión de la compleja interacción entre los procesos cognitivos y los estados emocionales en personas con depresión. Estos estudios han utilizado diversas metodologías, como autoinformes, experimentos conductuales, técnicas de neuroimagen y evaluaciones fisiológicas, para investigar las relaciones entre la cognición y la emoción. Un área clave de investigación ha sido la identificación y medición de sesgos cognitivos específicos y su asociación con las experiencias emocionales en personas con depresión. La investigación ha demostrado sistemáticamente que las personas con depresión presentan mayores sesgos atencionales hacia los estímulos negativos, así como una mayor capacidad de memoria para la información negativa, en comparación con las personas sin depresión. Además, estudios han revelado una relación entre patrones cognitivos desadaptativos, como la rumia y el catastrofismo, y la intensidad y duración de los estados emocionales negativos en la depresión. Los hallazgos de estos estudios no solo confirman la coexistencia de distorsiones cognitivas y una mayor reactividad emocional en la depresión, sino que también resaltan la naturaleza bidireccional de esta relación. Además, la investigación empírica ha buscado dilucidar el impacto de las intervenciones cognitivo-conductuales en la modificación de los correlatos cognitivo-emocionales en personas con depresión. A través de ensayos controlados y estudios longitudinales, los investigadores han proporcionado evidencia de la efectividad de las técnicas de reestructuración cognitiva para mejorar las distorsiones cognitivas y reducir el distrés emocional en personas con depresión. Es importante destacar que las investigaciones neurobiológicas también han contribuido a la comprensión de los correlatos cognitivo-emocionales en la depresión al identificar circuitos neuronales y sistemas de neurotransmisores que subyacen a las interacciones entre la cognición y la emoción. Los estudios de neuroimagen han revelado patrones aberrantes de activación y conectividad cerebral asociados con sesgos cognitivos y desregulación emocional, arrojando luz sobre los mecanismos neuronales subyacentes a los deterioros cognitivo-emocionales en la depresión. En conjunto, los estudios empíricos no solo han confirmado las conexiones entre la cognición y la emoción en la depresión, sino que también han allanado el camino para el desarrollo de intervenciones dirigidas a abordar los procesos cognitivo-emocionales para aliviar los síntomas depresivos.

6. Perspectivas neurobiológicas sobre las interrelaciones cognitivo-emocionales:

Los fundamentos neurobiológicos de las interrelaciones cognitivo-emocionales en la depresión han recibido gran atención en la investigación contemporánea. Estudios de neuroimagen han revelado redes complejas y regiones cerebrales implicadas en el procesamiento de la información cognitiva y emocional. Se ha destacado el papel de la corteza prefrontal, en particular la corteza prefrontal dorsolateral y la corteza prefrontal ventromedial, en la regulación del control cognitivo y las respuestas emocionales. La disfunción en estas regiones se ha vinculado a alteraciones en la evaluación cognitiva y la reactividad emocional en personas con depresión.

Estudios que emplean resonancia magnética funcional y tomografía por emisión de positrones han identificado actividad aberrante en la amígdala, el hipocampo y la corteza cingulada anterior, destacando su implicación en la manifestación de sesgos cognitivos y el aumento del procesamiento emocional observado en la depresión. La desregulación de los sistemas de neurotransmisores serotonina y dopamina, así como del eje hipotálamo-hipofisario-adrenal, también desempeña un papel fundamental en la configuración de las interacciones cognitivo-emocionales en la depresión.

Los avances recientes en el campo de la genética han esclarecido la base genética del funcionamiento cognitivo y emocional, ofreciendo perspectivas sobre la heredabilidad de las vulnerabilidades cognitivas y la desregulación emocional en los trastornos depresivos. Las investigaciones indican que polimorfismos genéticos específicos relacionados con los transportadores y receptores de serotonina pueden influir en la susceptibilidad de un individuo a desarrollar esquemas cognitivos desadaptativos y a experimentar emociones negativas intensas.

Como complemento a las investigaciones neurobiológicas, los estudios de electroencefalografía han proporcionado datos valiosos sobre las oscilaciones neuronales y los potenciales relacionados con eventos asociados con el procesamiento cognitivo y la reactividad emocional en la depresión. Estos hallazgos ofrecen una perspectiva integral sobre la dinámica en tiempo real de la interacción cognitivo-emocional, lo que mejora nuestra comprensión de los aspectos temporales del procesamiento de la información y la modulación afectiva.

7. Síntomas depresivos y patrones de pensamiento:

La depresión se manifiesta mediante una compleja interacción de síntomas cognitivos, emocionales y fisiológicos. Las observaciones clínicas proporcionan información valiosa sobre los patrones de pensamiento específicos asociados a los trastornos depresivos. Entre estas observaciones, destacan los sesgos negativos generalizados en el procesamiento de la información. Las personas con depresión tienden a mostrar una tendencia persistente a interpretar situaciones ambiguas de forma pesimista y autocrítica. Esta distorsión cognitiva a menudo conduce a una mayor sensibilidad a las amenazas percibidas y a una menor capacidad para obtener placer de las experiencias positivas. Además, la rumiación, caracterizada por pensamientos negativos repetitivos e intrusivos, es un patrón cognitivo común observado en personas con depresión. Estos patrones de pensamiento recurrentes exacerban los sentimientos de desesperanza e inutilidad, contribuyendo al mantenimiento de los síntomas depresivos. Asimismo, es fundamental destacar que las deficiencias cognitivas, como las dificultades de concentración y memoria, son prevalentes en las personas con depresión, lo que afecta su funcionamiento diario y su bienestar general.

En la práctica clínica, la identificación y el análisis de estos patrones de pensamiento constituyen la piedra angular de la terapia cognitiva para la depresión. Al abordar y desafiar los procesos cognitivos desadaptativos, los profesionales clínicos cualificados pueden ayudar a las personas a replantear sus interpretaciones de los acontecimientos vitales, aliviando así los estados afectivos negativos y reduciendo la gravedad de los síntomas depresivos. Además, una comprensión integral de los patrones de pensamiento depresivos orienta la selección y la adaptación de las intervenciones terapéuticas. Las intervenciones cognitivo-conductuales, que incluyen la reestructuración cognitiva y la activación conductual, están diseñadas para abordar y modificar directamente los patrones de pensamiento distorsionados, promoviendo el afrontamiento adaptativo y la regulación emocional. Asimismo, los enfoques basados en la atención plena han demostrado ser prometedores para romper el ciclo de la rumia y mejorar la conciencia del momento presente, ofreciendo una vía alternativa para interrumpir los patrones de pensamiento depresivos.

Dada la heterogeneidad de los síntomas depresivos y los patrones de pensamiento en cada individuo, las estrategias personalizadas de evaluación e intervención son esenciales en el ámbito clínico. Los profesionales clínicos deben esforzarse por comprender con precisión el perfil cognitivo-emocional único de cada individuo para diseñar planes de tratamiento a medida. Al integrar las observaciones clínicas con los hallazgos de la investigación empírica, los profesionales pueden optimizar la aplicación de intervenciones dirigidas a mejorar las distorsiones cognitivas y aliviar la carga de los síntomas depresivos.

8. Implicaciones terapéuticas de la dinámica cognición-emoción:

Las intervenciones terapéuticas para la depresión suelen centrarse en la interacción entre la cognición y la emoción, ya que esta relación dinámica desempeña un papel fundamental en la forma en que una persona experimenta los síntomas depresivos. La terapia cognitivo-conductual, una intervención ampliamente avalada para la depresión, subraya la importancia de modificar los patrones de pensamiento desadaptativos para aliviar el malestar emocional. Al identificar y abordar las distorsiones cognitivas, las personas pueden reestructurar sus procesos de pensamiento, lo que genera respuestas emocionales más adaptativas. Los terapeutas colaboran con los pacientes para identificar pensamientos y creencias automáticas perjudiciales, fomentando la reestructuración cognitiva mediante técnicas como la reevaluación cognitiva y los ejercicios de reestructuración cognitiva.

Es fundamental abordar los esquemas emocionales subyacentes, que son redes generalizadas de creencias y recuerdos cargados de afecto que influyen en la percepción y el procesamiento de la información emocional. Integrar enfoques centrados en esquemas emocionales en la terapia puede ofrecer una comprensión profunda de los orígenes de las respuestas emocionales disfuncionales, permitiendo a las personas replantear patrones emocionales profundamente arraigados.

Las intervenciones basadas en la atención plena han cobrado relevancia en el ámbito terapéutico, haciendo hincapié en el cultivo de una conciencia sin prejuicios de los propios pensamientos y emociones. Al mejorar las habilidades de atención plena, las personas se empoderan para observar los procesos cognitivos y emocionales sin enredarse en ellos, fomentando así una mayor flexibilidad psicológica y regulación emocional.

La incorporación de técnicas centradas en las emociones complementa los esfuerzos de reestructuración cognitiva al abordar la dimensión experiencial del malestar emocional. Validar y procesar las emociones intensas en el contexto terapéutico puede generar una sensación de aceptación emocional, lo que en última instancia contribuye a la reducción del malestar y a la mejora del bienestar emocional general.

Además de la terapia presencial tradicional, las plataformas digitales de salud mental y las aplicaciones móviles han surgido como medios accesibles para ofrecer intervenciones cognitivo-conductuales. Estos recursos ofrecen herramientas interactivas para monitorear estados de ánimo, rastrear pensamientos automáticos y practicar ejercicios de reestructuración cognitiva, ampliando así el alcance de las estrategias terapéuticas más allá de los confines de los entornos clínicos tradicionales.

Es fundamental reconocer que la interrelación entre cognición y emoción es compleja y llena de matices; por lo tanto, los enfoques terapéuticos deben adaptarse a los perfiles cognitivo-emocionales únicos de cada persona. Al integrar eficazmente intervenciones centradas en la reestructuración cognitiva, los esquemas emocionales, la atención plena y las plataformas digitales, los terapeutas pueden gestionar eficazmente el complejo panorama de las interacciones cognición-emoción, fomentando la recuperación holística y el bienestar emocional de las personas con depresión.

DISTORSIONES COGNITIVAS

Categorización

1. Marcos y criterios de clasificación:

Las distorsiones cognitivas representan un enfoque central en el campo de la terapia cognitivo-conductual, lo que requiere una comprensión integral de sus marcos y criterios de clasificación. La organización sistemática de las distorsiones cognitivas es vital para que los profesionales clínicos e investigadores puedan discernir patrones distintivos de pensamiento desadaptativo prevalentes en diversas afecciones psicológicas, como la depresión, la ansiedad y otros trastornos del estado de ánimo. La base de cualquier marco de clasificación reside en la delimitación de categorías discretas e identificables y el establecimiento de criterios de inclusión dentro de cada categoría. El proceso implica una cuidadosa consideración de las características que distinguen un tipo de distorsión cognitiva de otro, lo que permite una clara diferenciación y una categorización inequívoca. Además, el desarrollo de estos marcos implica la colaboración entre expertos en psicología, psiquiatría y ciencias cognitivas, lo que garantiza que los criterios de clasificación se basen en la evidencia empírica y el conocimiento clínico. El perfeccionamiento de los criterios de clasificación es un proceso iterativo, impulsado por la investigación continua y las observaciones clínicas. Por lo tanto, los criterios para categorizar las distorsiones cognitivas se actualizan periódicamente a medida que surgen nuevos conocimientos y evolucionan las técnicas de diagnóstico. Un aspecto crucial del proceso de clasificación es el reconocimiento de variaciones y solapamientos en los patrones de distorsión cognitiva, lo que impulsa la formulación de criterios inclusivos pero diferenciados para abarcar todo el espectro del pensamiento distorsionado. La consideración de las diferencias culturales, contextuales e individuales también desempeña un papel fundamental en la configuración de los criterios de clasificación, reconociendo así la diversidad de los procesos cognitivos en las poblaciones y dentro de los individuos. La construcción exitosa de marcos de clasificación robustos exige un equilibrio entre especificidad y flexibilidad, que permita distinciones granulares y, al mismo tiempo, tenga en cuenta la naturaleza multifacética de las distorsiones cognitivas. Mediante este enfoque equilibrado, los criterios de clasificación buscan captar la complejidad de la cognición humana sin simplificaciones excesivas ni ambigüedades.

2. Categorías comunes de patrones de pensamiento distorsionado:

Al examinar el panorama de las distorsiones cognitivas, se hace evidente que ciertos patrones se manifiestan con frecuencia en personas con pensamiento distorsionado. Estas categorías comunes proporcionan información valiosa sobre los procesos cognitivos subyacentes a las creencias y percepciones disfuncionales. Una categoría predominante es la "catastrofización", en la que las personas tienden a magnificar la importancia de los eventos negativos y a anticipar los peores resultados posibles. Esta propensión al pensamiento catastrófico a menudo conduce a un aumento de la ansiedad y a respuestas irracionales ante situaciones estresantes. Otra categoría destacada es el "pensamiento en blanco y negro", caracterizado por la inclinación a percibir las situaciones en términos absolutos y polarizados, sin considerar matices ni posibilidades intermedias. Esta distorsión cognitiva a menudo resulta en patrones de pensamiento rígidos e inflexibles y contribuye a la exacerbación del malestar emocional. Además, la categoría de "personalización" implica la tendencia a atribuirse eventos externos de forma desproporcionada, lo que lleva a la autoculpa y a un sentimiento de culpa injustificado. Al reconocer estas categorías comunes de patrones de pensamiento distorsionado, los profesionales de la salud mental pueden identificar y abordar eficazmente estos procesos cognitivos desadaptativos en la práctica clínica. Comprender la naturaleza de estas categorías sienta las bases para intervenciones específicas y enfoques terapéuticos dirigidos a corregir las distorsiones cognitivas y promover estrategias de pensamiento adaptativo. A medida que profundizamos en estas categorías, es crucial considerar la interacción entre las distorsiones cognitivas y la regulación emocional, la conducta y el bienestar mental general. Cada categoría tiene implicaciones para las intervenciones terapéuticas y guía el desarrollo de planes de tratamiento personalizados. Por lo tanto, una comprensión integral de las categorías comunes de patrones de pensamiento distorsionado es esencial para promover un cambio psicológico positivo y mejorar la capacidad de las personas para una cognición racional y equilibrada.

3. Ejemplos ilustrativos de cada distorsión cognitiva:

Para comprender la importancia y los matices de las distorsiones cognitivas, es fundamental explorar exhaustivamente ejemplos ilustrativos de cada tipo. Comenzando con el "pensamiento de todo o nada", las personas que manifiestan esta distorsión tienden a percibir las situaciones en términos absolutos, sin considerar ningún término medio. Un ejemplo podría ser una persona que cree que si no alcanza la perfección en una tarea, sus esfuerzos son completamente inútiles, lo que le genera sentimientos de extrema frustración y autocrítica. Pasando a la "sobregeneralización", pensemos en alguien que se enfrenta a un único evento desagradable y lo utiliza como evidencia de patrones generalizados de derrota o fracaso en su vida. Esto puede resultar en una disminución de la autoestima y reticencia a intentar nuevas iniciativas. El "filtrado mental" implica la inclinación a centrarse exclusivamente en los detalles negativos, mientras se filtran los aspectos positivos de una situación. Por ejemplo, una persona puede recibir numerosos elogios por su desempeño laboral, pero centrarse solo en una crítica, lo que mina su confianza y satisfacción. La "descalificación de lo positivo" representa una distorsión cognitiva en la que las personas ignoran o minimizan las experiencias o logros positivos, atribuyéndolos a la suerte o a factores externos en lugar de reconocer sus propias capacidades y esfuerzos. Esta tendencia puede fomentar sentimientos de inutilidad e inhibir el crecimiento personal. La "apresuración en las conclusiones" abarca dos subtipos: la lectura de mentes y la adivinación. La lectura de mentes implica presumir de saber lo que piensan o sienten los demás sin pruebas concretas, lo que genera ansiedad innecesaria y tensas relaciones interpersonales. Por el contrario, la adivinación implica anticipar resultados negativos sin fundamento, lo que resulta en un mayor estrés y conductas de evitación. La distorsión de la "magnificación y minimización" implica la amplificación de los propios errores o defectos percibidos, al tiempo que se minimizan las fortalezas y los atributos positivos personales. Esto puede alimentar inseguridades profundas y obstaculizar la capacidad de reconocer los logros. El catastrofismo implica la tendencia a magnificar los posibles resultados adversos de eventos o circunstancias, lo que a menudo genera una ansiedad abrumadora y un miedo paralizante. Por último, el razonamiento emocional influye en las personas para que equiparen sus emociones con la realidad, creyendo que si se sienten de cierta manera, esto debe reflejar inherentemente la realidad de una situación, incluso en ausencia de evidencia concreta. Estas distorsiones cognitivas pueden afectar profundamente el bienestar emocional y la calidad de vida general de una persona.

4. Evidencia empírica que respalda la clasificación:

Numerosos estudios han contribuido a la base empírica de la clasificación de las distorsiones cognitivas. Mediante la observación sistemática, los investigadores han documentado patrones consistentes en individuos que presentan diversas distorsiones cognitivas en diversas poblaciones clínicas y no clínicas. Esta investigación ha facilitado la identificación de distintos grupos de pensamiento distorsionado, lo que demuestra la solidez y la generalización del marco de clasificación.

Las investigaciones empíricas que emplean medidas psicométricas han corroborado consistentemente la presencia de distorsiones cognitivas como constructos discretos y cuantificables. Instrumentos válidos y fiables, como la Escala de Actitudes Disfuncionales (DAS) y el Cuestionario de Pensamientos Automáticos (ATQ), han mostrado una sólida consistencia interna y validez convergente, lo que confirma la naturaleza discriminante de las diferentes categorías de distorsión cognitiva.

Estudios neuropsicológicos y de neuroimagen han dilucidado los correlatos neuronales y los procesos cognitivos asociados con distorsiones cognitivas específicas. Mediante técnicas de imagen avanzadas, como la resonancia magnética funcional y la electroencefalografía, los investigadores han aportado evidencia convincente que vincula ciertas distorsiones cognitivas con patrones de activación aberrantes en regiones cerebrales implicadas en la regulación emocional y la toma de decisiones. Además, los paradigmas cognitivos experimentales han revelado sesgos cognitivos e irregularidades en el procesamiento de la información característicos de distintas categorías de distorsiones cognitivas.

La integración integral de estas diversas líneas de investigación empírica no solo ha mejorado la claridad conceptual de la clasificación de las distorsiones cognitivas, sino que también ha facilitado el desarrollo de intervenciones específicas. Al identificar los perfiles cognitivos únicos asociados a las diferentes distorsiones, los profesionales clínicos pueden adaptar sus enfoques terapéuticos, optimizando así la eficacia del tratamiento y promoviendo resultados clínicos más favorables.

5. Comparación con otros modelos psicológicos:

Al examinar las distorsiones cognitivas en el contexto de otros modelos psicológicos, se hace evidente que diversos marcos teóricos ofrecen perspectivas únicas sobre la naturaleza de los procesos de pensamiento humano y los patrones de comportamiento correlacionados. Por ejemplo, el enfoque cognitivo enfatiza cómo los pensamientos y las percepciones influyen en las emociones y los comportamientos, lo que constituye un principio fundamental para comprender las distorsiones cognitivas. En cambio, los modelos conductuales se centran en las acciones observables y su refuerzo, pasando por alto a menudo los procesos cognitivos que sustentan dichos comportamientos. Al comparar estos paradigmas distintos, podemos descubrir la interconexión entre las distorsiones cognitivas y las manifestaciones conductuales, lo que arroja luz sobre la compleja interacción entre las teorías cognitivas y conductuales. Además, la integración de las distorsiones cognitivas en el marco más amplio de las teorías de la personalidad ayuda a comprender cómo las diferencias individuales en la cognición y la percepción contribuyen al desarrollo y mantenimiento de patrones de pensamiento distorsionados. La perspectiva psicodinámica enfatiza los conflictos inconscientes y las experiencias tempranas de la vida como factores que influyen en los procesos mentales actuales, complementando el enfoque del modelo cognitivo en los patrones de pensamiento conscientes y los sesgos cognitivos. Esta intersección ofrece la oportunidad de explorar la posible interdependencia entre las distorsiones cognitivas y dinámicas psicológicas subyacentes más profundas, lo que conduce a una comprensión más integral del pensamiento distorsionado desde diferentes perspectivas teóricas. Además, la incorporación de perspectivas de la psicología social y cultural amplía el análisis de las distorsiones cognitivas para abarcar las normas sociales, las presiones sociales y las influencias interpersonales en los procesos cognitivos y el pensamiento distorsionado. Reconocer el diverso impacto de los factores culturales y sociales ayuda a contextualizar la manifestación de las distorsiones cognitivas en diversos contextos culturales, lo que enfatiza la necesidad de enfoques de evaluación e intervención culturalmente sensibles para abordar las distorsiones cognitivas.

6. Observaciones clínicas y perspectivas de expertos:

Los psicólogos clínicos y los profesionales de la salud mental llevan mucho tiempo documentando la manifestación de distorsiones cognitivas en sus pacientes. Mediante estudios de caso meticulosos y evaluaciones longitudinales, estos profesionales han desentrañado patrones críticos y desencadenantes asociados con el pensamiento distorsionado. Sus perspicaces observaciones arrojan luz sobre las sutiles formas en que las distorsiones cognitivas interactúan con diversas afecciones de salud mental, lo que corrobora la naturaleza de este fenómeno. Además, la colaboración de expertos de diversas trayectorias psicológicas ha proporcionado valiosas perspectivas sobre la compleja interseccionalidad de las distorsiones cognitivas con otros modelos psicológicos. Al yuxtaponer las teorías cognitivas con las perspectivas conductuales y psicodinámicas, los profesionales han discernido puntos en común y disparidades, enriqueciendo nuestra comprensión de las distorsiones cognitivas dentro de un marco psicológico más amplio. Estos diálogos interdisciplinarios han fomentado una comprensión más holística de la naturaleza multifacética del pensamiento distorsionado, facilitando intervenciones y modalidades de tratamiento con matices. Además, las perspectivas expertas extraídas de las investigaciones y la experiencia clínica dilucidan los desafíos inherentes a la categorización de las distorsiones cognitivas y la adaptación a las variaciones individuales. El reconocimiento de diversos perfiles cognitivos y patrones de pensamiento idiosincrásicos subraya la necesidad de enfoques terapéuticos personalizados que tengan en cuenta los paisajes cognitivos únicos de cada individuo. Asimismo, las aportaciones de los expertos subrayan la naturaleza dinámica de las distorsiones cognitivas, haciendo hincapié en el papel del contexto, la cultura y los factores ambientales en la configuración de patrones de pensamiento distorsionados. Esta mayor conciencia impulsa una reevaluación de los marcos de clasificación tradicionales, abogando por un enfoque más flexible e inclusivo que se adapte a la fluidez de los procesos cognitivos. A medida que profundizamos en el ámbito de las distorsiones cognitivas, la amalgama de observaciones clínicas y perspectivas expertas cataliza un cambio de paradigma, impulsándonos hacia una comprensión integrada que potencia intervenciones integrales y personalizadas para mitigar el impacto del pensamiento distorsionado en el bienestar de las personas.

7. Desafíos en la categorización y variaciones individuales:

A pesar de los esfuerzos por desarrollar marcos integrales, es fundamental reconocer las variaciones individuales inherentes que se manifiestan en el contexto de patrones de pensamiento distorsionados. Uno de los principales desafíos reside en la naturaleza diversa y multifacética de la cognición humana, donde cada individuo puede exhibir sesgos y distorsiones cognitivas únicas en función de sus experiencias personales, antecedentes culturales y trayectorias de desarrollo.

La interacción dinámica entre las distorsiones cognitivas y los estados emocionales complica el proceso de categorización. Es fundamental reconocer que los sesgos cognitivos de una persona pueden verse influenciados por su estado emocional actual, lo que dificulta la delimitación de categorías diferenciadas al enfrentarse a patrones de pensamiento distorsionado que se superponen e interactúan. Además, el nivel de conciencia y comprensión de las distorsiones cognitivas varía considerablemente entre individuos, lo que supone un obstáculo importante para la clasificación y categorización precisa de estos fenómenos.

Otro desafío importante es la coexistencia de múltiples distorsiones cognitivas en un individuo. En el ámbito clínico, no es raro que las personas presenten una combinación de patrones de pensamiento distorsionados, lo que difumina los límites entre categorías y requiere una comprensión más detallada de cómo estas distorsiones se integran en el esquema cognitivo de la persona. Además, la fluidez y adaptabilidad de las distorsiones cognitivas a lo largo del tiempo complican aún más su categorización, ya que las personas pueden exhibir diferentes patrones según factores situacionales, ambientales o del desarrollo.

Las influencias culturales y contextuales también desempeñan un papel fundamental en la configuración de las distorsiones cognitivas, lo que añade un nivel adicional de complejidad a su categorización. Las variaciones culturales en los estilos de pensamiento y los sistemas de creencias pueden dar lugar a diversas manifestaciones de distorsiones cognitivas en diferentes poblaciones, lo que subraya la necesidad de ser sensibles a los factores socioculturales al categorizar y abordar los patrones de pensamiento distorsionados.

Ante estos desafíos, es imperativo que investigadores y profesionales aborden la categorización de las distorsiones cognitivas con un profundo conocimiento de las variaciones individuales y la naturaleza dinámica de estos fenómenos. Adoptar un marco flexible e inclusivo que abarque la variabilidad y la complejidad de las distorsiones cognitivas es fundamental para avanzar en nuestra comprensión y en las intervenciones terapéuticas para estos fenómenos cognitivos generalizados.

Mecanismos detrás del pensamiento distorsionado

1. Perspectivas neurocientíficas sobre las distorsiones del pensamiento:

Los recientes avances en neurociencia han aportado información valiosa sobre los mecanismos subyacentes de las distorsiones del pensamiento. Estudios de neuroimagen han puesto de relieve la participación de diversas regiones cerebrales, como la corteza prefrontal, la amígdala y el hipocampo, en las distorsiones cognitivas. Estos hallazgos ponen de relieve la interacción entre el procesamiento cognitivo y emocional en la configuración de nuestros patrones de pensamiento.

La investigación neurobiológica ha dilucidado el impacto de neurotransmisores como la serotonina y la dopamina en la función cognitiva y su posible relevancia para el pensamiento distorsionado. El delicado equilibrio de estos neurotransmisores es crucial para mantener la cognición adaptativa y la regulación emocional. La desregulación de sus niveles puede contribuir a la aparición de pensamientos y percepciones distorsionadas.

Estudios que emplean electroencefalografía y magnetoencefalografía han revelado características neuronales distintivas asociadas con diferentes tipos de distorsiones cognitivas. Por ejemplo, se ha descubierto que los esquemas desadaptativos característicos de ciertas distorsiones cognitivas se correlacionan con oscilaciones neuronales aberrantes específicas y patrones de conectividad. Comprender estos correlatos neuronales es fundamental para desarrollar intervenciones dirigidas a abordar las distorsiones del pensamiento a nivel neurobiológico.

Además, la neuroplasticidad, la notable capacidad del cerebro para reorganizarse y formar nuevas conexiones en respuesta a la experiencia, ofrece vías prometedoras para abordar las distorsiones del pensamiento. Las intervenciones dirigidas a los cambios neuroplasticos pueden potencialmente reestructurar el procesamiento cognitivo disfuncional y aliviar la persistencia de patrones de pensamiento distorsionados.

2. El papel de los pensamientos automáticos:

Los pensamientos automáticos desempeñan un papel fundamental en las distorsiones cognitivas, actuando como interpretaciones y evaluaciones rápidas e inconscientes de nuestras experiencias. Estos pensamientos suelen estar profundamente arraigados y surgen casi instintivamente en respuesta a desencadenantes, influyendo en nuestras emociones, comportamiento y percepción de la realidad. En el ámbito de la teoría cognitiva, estos pensamientos automáticos son fundamentales para comprender cómo las personas procesan la información y, a menudo, pueden conducir a patrones de pensamiento distorsionados.

Los pensamientos automáticos, que a menudo surgen de experiencias pasadas, pueden ser tanto positivos como negativos, siendo estos últimos especialmente significativos en el contexto de las distorsiones cognitivas. Suelen surgir en forma de sesgos cognitivos, que pueden manifestarse como generalizaciones excesivas, pensamiento catastrófico o personalización. Estos pensamientos automáticos pueden afectar significativamente el bienestar emocional y la salud mental general de una persona.

Los pensamientos automáticos están estrechamente entrelazados con las creencias fundamentales, reforzando esquemas preexistentes sobre uno mismo, los demás y el mundo. En las personas con distorsiones cognitivas, los pensamientos automáticos pueden mantener y perpetuar autopercepciones negativas e interpretaciones pesimistas de los acontecimientos, lo que agrava aún más su angustia.

Comprender el papel de los pensamientos automáticos es fundamental para abordar eficazmente las distorsiones cognitivas. Las intervenciones cognitivo-conductuales suelen centrarse en identificar y combatir estos pensamientos automáticos, ayudando a las personas a desarrollar patrones de pensamiento más saludables. Al reconocer y modificar los pensamientos automáticos, las personas pueden reducir el impacto de las distorsiones cognitivas, lo que mejora la regulación emocional y la resiliencia.

3. Sesgos cognitivos y su formación:

Los sesgos cognitivos representan un aspecto intrínseco de la cognición humana, influyendo en la forma en que los individuos perciben, interpretan y responden a la información de su entorno. Estos sesgos, que son patrones sistemáticos de desviación de la norma o la racionalidad en el juicio, suelen surgir de diversas fuentes, como experiencias pasadas, influencias culturales y normas sociales. La formación de sesgos cognitivos es una interacción compleja entre factores psicológicos, sociales y ambientales. En el núcleo de su desarrollo se encuentran los procesos de adaptación neuronal, reforzamiento y concentración atencional.

Un factor fundamental en la formación de sesgos cognitivos es la notable adaptabilidad del cerebro para procesar y almacenar información, lo que conduce al desarrollo de atajos mentales y heurísticas. Estos atajos, si bien son eficientes en el manejo de grandes cantidades de datos, hacen que las personas sean susceptibles a errores sistemáticos de juicio. Además, el contexto sociocultural influye significativamente en la formación de sesgos, ya que las personas internalizan normas, valores y expectativas sociales, que posteriormente influyen en su procesamiento cognitivo. En consecuencia, los sesgos arraigados en esquemas y estereotipos culturales pueden manifestarse en diversas poblaciones, perpetuando conceptos erróneos compartidos y razonamientos erróneos.

El componente emocional de los sesgos cognitivos es fundamental en su formación. Las experiencias emocionales, en particular las asociadas con amenazas, recompensas o pérdidas, pueden generar recuerdos y preferencias relevantes, haciendo que ciertos estímulos e información sean más memorables e influyentes en la toma de decisiones. Como resultado, las personas muestran inconscientemente preferencias por información que se alinea con sus respuestas emocionales, perpetuando un ciclo de percepción e interpretación sesgadas.

La naturaleza generalizada de los sesgos cognitivos subraya su profundo impacto en la toma de decisiones cotidiana, la resolución de problemas y las interacciones interpersonales. No solo moldean las percepciones individuales, sino que también contribuyen a fenómenos sociales más amplios, como el pensamiento colectivo y la propagación de desinformación. Comprender la formación de los sesgos cognitivos proporciona una base crucial para identificar y abordar eficazmente sus implicaciones en diversos ámbitos, como la práctica clínica, la gestión organizacional y las políticas públicas.

4. Interacción entre emoción y cognición:

La interacción entre la emoción y la cognición es crucial para comprender los mecanismos que subyacen al pensamiento distorsionado. Como sabemos, las emociones desempeñan un papel fundamental en la configuración de nuestros procesos de pensamiento, influyendo en nuestras percepciones, toma de decisiones y comportamiento. Cuando las personas experimentan estados emocionales intensos, como ansiedad, miedo o tristeza, su procesamiento cognitivo suele verse afectado, lo que da lugar a la aparición de distorsiones cognitivas. Por otro lado, las cogniciones distorsionadas también pueden provocar fuertes respuestas emocionales, creando una compleja interacción entre ambos dominios psicológicos.

Las respuestas emocionales pueden afectar el funcionamiento cognitivo de diversas maneras. Por ejemplo, cuando una persona experimenta emociones intensas, su atención puede centrarse selectivamente en la información congruente con su estado emocional, ignorando la evidencia contradictoria. Esta atención selectiva puede exacerbar los sesgos cognitivos y reforzar patrones de pensamiento distorsionados. Además, la exacerbación de las emociones puede perjudicar el razonamiento racional, lo que lleva a las personas a confiar más en la heurística y los juicios rápidos en lugar de pensar de forma deliberada y analítica.

La relación entre la emoción y la cognición se extiende a los procesos de memoria, donde se ha demostrado que la activación emocional mejora la codificación y la recuperación de la información asociada a los estímulos emocionales. Como resultado, las personas pueden recordar vívidamente eventos o experiencias que han suscitado emociones intensas, lo que puede provocar distorsiones al recordar detalles o interpretar situaciones pasadas.

Es importante destacar que no todas las influencias emocionales sobre la cognición resultan en resultados negativos. Las emociones positivas, por ejemplo, pueden ampliar la capacidad de resolución de problemas, la creatividad y el pensamiento flexible, lo que puede contrarrestar la rigidez que suele observarse en el procesamiento cognitivo distorsionado. Comprender esta compleja interacción entre las emociones positivas y la cognición proporciona información valiosa para desarrollar intervenciones que aprovechen los aspectos adaptativos de la influencia emocional y mitiguen los efectos adversos de las emociones negativas sobre el funcionamiento cognitivo.

5. Desencadenantes ambientales y alteración de la percepción:

Los desencadenantes ambientales desempeñan un papel crucial en la configuración de nuestras percepciones y patrones de pensamiento. Los estímulos presentes en nuestro entorno pueden influir significativamente en la forma en que interpretamos y procesamos la información, lo que provoca alteraciones en nuestra cognición. Numerosos estudios han destacado el profundo efecto de los factores ambientales en los procesos cognitivos, arrojando luz sobre la relación entre nuestro entorno y nuestros patrones de pensamiento.

Uno de los aspectos clave de los desencadenantes ambientales es su capacidad para provocar respuestas emocionales, las cuales, a su vez, influyen en nuestra evaluación cognitiva. Por ejemplo, una persona expuesta a un entorno estresante o amenazante puede experimentar un aumento de la ansiedad o el miedo, distorsionando así su percepción de la realidad. Esta alteración de la percepción puede generar sesgos cognitivos y un pensamiento distorsionado, lo que en última instancia afecta la toma de decisiones y el comportamiento.

Los desencadenantes ambientales también pueden influir en nuestra atención y procesamiento cognitivo. Estímulos externos como el ruido, la temperatura y las señales visuales pueden modular nuestros niveles de atención y concentración, influyendo en la forma en que percibimos e interpretamos la información. Además, la presencia de señales ambientales específicas vinculadas a experiencias pasadas o eventos traumáticos puede desencadenar patrones de pensamiento desadaptativos y distorsiones cognitivas.

Es importante destacar que la influencia de los desencadenantes ambientales en la alteración de la percepción va más allá de la información sensorial inmediata. Los factores culturales, sociales y contextuales del entorno también contribuyen a la construcción de esquemas cognitivos y sistemas de creencias. Estos marcos arraigados pueden influir en la percepción que las personas tienen de sí mismas, de los demás y del mundo que las rodea, lo que, en consecuencia, impacta sus patrones de pensamiento y su procesamiento cognitivo.

A la luz de estas consideraciones, resulta evidente que comprender el impacto de los desencadenantes ambientales en la alteración de la percepción es esencial para abordar las distorsiones cognitivas y promover el bienestar mental. Al reconocer la interacción entre los estímulos ambientales y los procesos cognitivos, tanto las personas como los profesionales sanitarios pueden desarrollar intervenciones específicas y modificaciones ambientales para mitigar los efectos adversos del pensamiento distorsionado.

6. Modelos estructurales de la disrupción del proceso de pensamiento:

Los modelos estructurales de la disrupción del proceso de pensamiento proporcionan un marco para comprender los mecanismos subyacentes a las distorsiones cognitivas. Estos modelos buscan dilucidar cómo ciertos procesos cognitivos se desvían de su funcionalidad típica, lo que conduce a patrones de pensamiento y creencias desadaptativos. Un modelo destacado es el modelo de procesamiento de la información, que sugiere que las personas con distorsiones cognitivas presentan un procesamiento alterado de la información entrante. Esto se manifiesta en la atención selectiva a los estímulos negativos, la exageración de las amenazas potenciales y la indiferencia hacia las señales positivas o neutrales. Además, el modelo de procesamiento distribuido paralelo postula que las distorsiones cognitivas provienen de redes neuronales interconectadas, donde los patrones desadaptativos de activación e inhibición contribuyen al procesamiento distorsionado de la información. Asimismo, el modelo de la función ejecutiva autorreguladora destaca déficits en los mecanismos de control cognitivo, como el control inhibitorio y la flexibilidad cognitiva, lo que conduce a la perseverancia en pensamientos negativos y a una consideración limitada de perspectivas alternativas. Otro aspecto crucial de los modelos estructurales se refiere a la interacción entre los sistemas cognitivo y emocional. El modelo de preparación afectiva enfatiza cómo las respuestas emocionales intensificadas pueden influir en el procesamiento cognitivo, amplificando así la relevancia de la información negativa y reforzando los patrones de pensamiento distorsionados. Además, el modelo de cascada emocional subraya el efecto en cascada de las emociones intensas sobre el funcionamiento cognitivo, lo que resulta en rigidez cognitiva y una mayor susceptibilidad a las distorsiones cognitivas. Estos modelos estructurales, en conjunto, arrojan luz sobre la naturaleza multidimensional de la disrupción del proceso de pensamiento, abarcando el procesamiento de la información, la dinámica de las redes neuronales, las funciones ejecutivas y las influencias emocionales.

7. Mecanismos de validación y devaluación:

Los mecanismos de validación y devaluación son componentes cruciales para comprender las complejidades de las distorsiones cognitivas. El proceso de validación implica un refuerzo constante de creencias y pensamientos negativos, lo que lleva a la persona a percibir que estos pensamientos tienen un verdadero significado. Este mecanismo contribuye a la perpetuación de patrones de pensamiento distorsionados y sustenta los sesgos cognitivos generales que prevalecen en las personas con síntomas depresivos.

Por el contrario, los mecanismos de devaluación implican el rechazo o la subestimación de pensamientos y experiencias positivas o constructivas. Quienes presentan mecanismos de devaluación a menudo subestiman sus logros, la retroalimentación positiva de los demás o los momentos de alegría, atribuyendo una importancia desproporcionada a los eventos negativos o a los pensamientos autocríticos. Estos mecanismos contribuyen al mantenimiento de la sintomatología depresiva y atrincheran aún más al individuo en un ciclo de cogniciones negativas.

La interrelación de los mecanismos de validación y devaluación puede crear un círculo vicioso que amplifica el impacto de las distorsiones cognitivas en el bienestar emocional de una persona. Estos mecanismos suelen estar profundamente arraigados y pueden operar a nivel subconsciente, lo que dificulta su abordaje mediante terapias cognitivas tradicionales sin un enfoque específico en estos componentes.

La investigación en psicología cognitiva ha esclarecido la prevalencia de mecanismos de validación y devaluación en personas con síntomas depresivos. Comprender estos mecanismos es crucial para diseñar estrategias de intervención específicas que busquen interrumpir y replantear estos patrones de pensamiento. Las técnicas de reestructuración cognitiva, como la terapia cognitivo-conductual, pueden ser herramientas eficaces para abordar estos procesos subyacentes, identificando y cuestionando la validez de los pensamientos automáticos y las creencias fundamentales, a la vez que contrarrestan los efectos de los mecanismos de validación y devaluación.

Patrones comunes en los síntomas depresivos

1. Epidemiología de la depresión y las distorsiones cognitivas:

Al considerar la relación entre la depresión y las distorsiones cognitivas, resulta evidente que los patrones de pensamiento distorsionados desempeñan un papel fundamental en el desarrollo, el mantenimiento y la exacerbación de los síntomas depresivos. Los estudios epidemiológicos han destacado sistemáticamente la interacción entre las distorsiones cognitivas y la prevalencia de la depresión. Estos hallazgos subrayan la importancia de abordar las distorsiones cognitivas tanto en la prevención como en el tratamiento. Los datos epidemiológicos también ilustran las diversas manifestaciones de los síntomas depresivos en diferentes subgrupos poblacionales. Se ha demostrado que las variaciones en la edad, el género, el nivel socioeconómico y el contexto cultural influyen en la expresión y la experiencia de la depresión, lo que arroja luz sobre la naturaleza matizada de este trastorno multifacético. Además, comprender la distribución geográfica y las tendencias temporales de la depresión proporciona información valiosa sobre el panorama cambiante de las necesidades de salud mental. Los patrones de depresión y las distorsiones cognitivas pueden variar según la región, y el análisis de estas variaciones puede orientar las intervenciones específicas y la asignación de recursos. Explorar la interacción entre las distorsiones cognitivas y la depresión en contextos demográficos o culturales específicos puede revelar desafíos y oportunidades únicos para intervenciones personalizadas. Estos conocimientos permiten desarrollar estrategias más eficaces y culturalmente sensibles para abordar la carga de la depresión y sus distorsiones cognitivas asociadas.

2. Síntomas centrales - Intersecciones emocionales y cognitivas:

Los síntomas principales de la depresión implican una compleja interacción entre las experiencias emocionales y los procesos cognitivos. Emociones como la tristeza, la desesperanza y la desesperación son componentes integrales de la sintomatología depresiva, que a menudo se entrelazan con distorsiones cognitivas para exacerbar el impacto general en la salud mental del individuo.

El distrés emocional en la depresión se caracteriza por sentimientos persistentes de tristeza, vacío y profunda tristeza. Estas emociones pueden influir significativamente en el procesamiento cognitivo de una persona, provocando percepciones distorsionadas de la realidad e incapacidad para experimentar emociones positivas. El aspecto cognitivo de la depresión se manifiesta a través de patrones de pensamiento negativos, como el pesimismo, la autocrítica y una sensación de impotencia. Estas distorsiones cognitivas contribuyen a una interpretación distorsionada de los acontecimientos, intensificando aún más la carga emocional que experimentan las personas con depresión.

La intersección de las emociones y la cognición en la depresión suele conducir a la rumia y a pensamientos negativos recurrentes. Las personas pueden verse atrapadas en un ciclo de emociones angustiantes y sus correspondientes interpretaciones cognitivas que refuerzan la sensación general de desesperación. Como resultado, su capacidad para la resolución adaptativa de problemas y la regulación emocional se ve gravemente comprometida, perpetuando el ciclo depresivo.

La interacción entre los trastornos emocionales y cognitivos en la depresión puede manifestarse en síntomas físicos, como fatiga, insomnio y cambios en el apetito. Estas manifestaciones somáticas subrayan aún más las conexiones entre la mente y el cuerpo en la experiencia de la depresión, destacando el impacto holístico de la enfermedad.

Comprender las intersecciones emocionales y cognitivas en la depresión es crucial para desarrollar estrategias de intervención integrales que aborden ambos dominios de manera eficaz. Integrar enfoques basados en la evidencia que aborden las distorsiones cognitivas, la desregulación emocional y los mecanismos de afrontamiento desadaptativos es esencial para promover la recuperación y el bienestar a largo plazo en personas con síntomas depresivos.

3. Anhedonia y embotamiento afectivo:

La anhedonia y el embotamiento afectivo afectan significativamente la experiencia emocional y la calidad de vida general de una persona. La anhedonia se refiere a la incapacidad de experimentar placer o interés en actividades que antes eran placenteras. Se manifiesta como una sensación generalizada de apatía y desconexión con actividades que antes eran gratificantes, lo que a menudo conduce a profundos sentimientos de vacío y desesperación. El embotamiento afectivo, por otro lado, implica una disminución del rango e intensidad de la expresión emocional, con una notable reducción en las emociones positivas y negativas. Estos dos fenómenos coexisten con frecuencia en personas con depresión, lo que agrava la gravedad y la persistencia de sus síntomas. Comprender la naturaleza matizada de la anhedonia y el embotamiento afectivo es crucial tanto para médicos como para investigadores, ya que informa sobre intervenciones específicas y enfoques terapéuticos. Las investigaciones sugieren que la anhedonia puede surgir de alteraciones en el circuito de recompensa del cerebro, lo que implica una desregulación de la señalización de la dopamina y el procesamiento neuronal de los estímulos placenteros. Además, se cree que el embotamiento afectivo se debe a alteraciones en las regiones cerebrales que procesan las emociones, lo que resulta en una reactividad emocional comprometida y un rango expresivo limitado. Reconocer la interacción entre estos factores es fundamental para desarrollar planes de tratamiento personalizados que aborden las necesidades específicas de las personas que padecen estos síntomas debilitantes. Además, el impacto de la anhedonia y el embotamiento afectivo se extiende más allá del sufrimiento personal, influyendo en las relaciones sociales, el funcionamiento laboral y el bienestar general. Las personas que se enfrentan a estos desafíos a menudo se enfrentan a importantes barreras para buscar y mantener conexiones sociales, ya que la disminución de la capacidad de disfrute y la interacción emocional puede conducir al retraimiento y al aislamiento. En el ámbito profesional, el embotamiento afectivo puede dificultar la comunicación efectiva, la eficacia interpersonal y las actividades colaborativas, lo que agrava aún más la angustia del individuo. Esta interacción pone de relieve las profundas implicaciones de la anhedonia y el embotamiento afectivo, subrayando la necesidad de intervenciones integrales y multidimensionales que aborden las múltiples repercusiones de estos síntomas.

4. El papel de los patrones de pensamiento negativos en la depresión:

Las distorsiones cognitivas, como la sobregeneralización, la magnificación y la personalización, contribuyen a la percepción distorsionada de la realidad y de uno mismo. Estos patrones de pensamiento negativo suelen conducir a una mayor sensación de desesperanza, impotencia e inutilidad, características distintivas de la depresión. Cuando las personas se involucran constantemente en procesos de pensamiento negativo, pueden exacerbar aún más su angustia emocional y dificultar su capacidad para afrontar eficazmente los factores estresantes de la vida. Además, estos patrones de pensamiento negativo se arraigan en el esquema cognitivo del individuo, lo que genera un ciclo de pesimismo y desesperación que se retroalimenta. Reconocer la naturaleza generalizada del pensamiento negativo en la depresión es fundamental para desarrollar intervenciones terapéuticas eficaces. Los terapeutas y los profesionales de la salud mental deben colaborar con las personas que experimentan depresión para identificar y abordar sus patrones de pensamiento negativo. Las técnicas de reestructuración cognitiva, como la terapia cognitivo-conductual, proporcionan a las personas las herramientas para reconocer y replantear los pensamientos desadaptativos, cambiando así su perspectiva cognitiva hacia una visión más equilibrada y realista de sí mismas y del mundo. Al abordar los patrones de pensamiento negativo, los terapeutas pueden empoderar a las personas para que desarrollen estrategias de afrontamiento adaptativas, mejoren su resiliencia y alivien la carga de los síntomas depresivos. Además, fomentar la concienciación sobre estos patrones de pensamiento negativo en la sociedad es esencial para reducir el estigma y promover la comprensión de la compleja interacción entre la cognición y el estado de ánimo. Educar al público sobre la naturaleza insidiosa del pensamiento negativo en la depresión puede facilitar el reconocimiento temprano de los síntomas, fomentar la búsqueda de ayuda y sentar las bases para sistemas de apoyo compasivos.

5. Factores de estrés crónico y respuestas cognitivas:

El estrés crónico es un factor prevalente en el desarrollo y la perpetuación de los síntomas depresivos, y diversas respuestas cognitivas contribuyen a esta compleja relación. Experimentar estrés crónico puede tener un profundo impacto en el funcionamiento cognitivo de una persona, lo que a menudo aumenta la susceptibilidad a patrones de pensamiento negativos e interpretaciones distorsionadas de los acontecimientos. En el contexto de las distorsiones cognitivas, el estrés crónico puede actuar como catalizador, amplificando la intensidad y la frecuencia de las respuestas cognitivas desadaptativas. A medida que las personas gestionan períodos prolongados de estrés, sus recursos cognitivos pueden verse mermados, lo que las hace más susceptibles a sesgos cognitivos y a la amplificación de interpretaciones negativas de los acontecimientos. Este proceso puede agravar los síntomas depresivos y contribuir al mantenimiento de patrones cognitivos disfuncionales. Además, el estrés crónico también puede influir en la flexibilidad cognitiva y la capacidad de resolución de problemas de la persona, lo que lleva a una menor concentración en la información negativa y a una menor capacidad para considerar perspectivas o soluciones alternativas. Estos cambios en el procesamiento cognitivo pueden atrincherar aún más al individuo en un ciclo de pesimismo y desesperanza, con la activación crónica de las respuestas cognitivas relacionadas con el estrés, que se arraigan profundamente y se vuelven resistentes al cambio. Comprender la interacción entre los factores de estrés crónico y las respuestas cognitivas es esencial para las intervenciones integrales dirigidas a abordar los síntomas depresivos. Los profesionales clínicos deben reconocer el impacto del estrés crónico en el funcionamiento cognitivo y adaptar los enfoques terapéuticos para abordar tanto los propios factores de estrés como las respuestas cognitivas desadaptativas que los acompañan. Al integrar técnicas de reducción del estrés, reestructuración cognitiva e intervenciones basadas en la atención plena, los profesionales de la salud mental pueden abordar la dinámica entre el estrés crónico y las respuestas cognitivas, ofreciendo así a las personas que sufren de depresión un camino integral hacia la recuperación y la resiliencia. Es crucial reconocer que abordar los factores de estrés crónico y sus correlatos cognitivos exige un enfoque multifacético y holístico, que abarque no solo estrategias cognitivo-conductuales, sino también consideraciones sistémicas y ambientales.

6. La autopercepción y el ciclo del pesimismo:

Las personas que luchan contra la depresión suelen experimentar una visión distorsionada de sí mismas, lo que conduce a un ciclo persistente de patrones de pensamiento negativos y comportamientos desadaptativos. En el núcleo de este fenómeno se encuentra el concepto de esquemas cognitivos: sistemas de creencias profundamente arraigados que influyen en la interpretación que una persona tiene de sí misma y del mundo que la rodea. Estos esquemas negativos pueden manifestarse como sentimientos de incompetencia, inutilidad y una constante sensación de fracaso, perpetuando un ciclo perjudicial de pensamiento pesimista. Además, la constante aferración a estas autoconfianzas negativas refuerza las estrategias de afrontamiento y los patrones de comportamiento desadaptativos, lo que refuerza aún más el ciclo del pesimismo.

El diálogo interno, influenciado por estas autopercepciones negativas, suele generar una mayor sensibilidad a los fracasos, rechazos y críticas percibidos, lo que amplifica los sentimientos de desesperación e inutilidad. Este ciclo de autorreforzamiento se entrelaza con el estado de ánimo del individuo, influyendo en su bienestar emocional y su funcionamiento general.

Reconocer y comprender el ciclo del pesimismo es crucial para una intervención y una planificación terapéutica eficaces. Los enfoques terapéuticos dirigidos a interrumpir estos autoesquemas negativos y promover autopercepciones adaptativas son fundamentales para romper el ciclo del pesimismo. Al desafiar las distorsiones cognitivas y facilitar un cambio hacia autoevaluaciones más equilibradas y realistas, las personas pueden comenzar a desentrañar la red del pesimismo y adoptar gradualmente una perspectiva más optimista sobre sí mismas y sus experiencias.

7. El ciclo de retroalimentación entre el comportamiento y los estados de ánimo:

Las personas que experimentan síntomas depresivos a menudo se ven atrapadas en una compleja interacción entre su comportamiento y estado de ánimo, que se influyen mutuamente en un ciclo continuo de retroalimentación. Esta relación dinámica puede perpetuar y exacerbar la experiencia de depresión, impactando significativamente el funcionamiento diario y el bienestar general de la persona. Comprender este ciclo de retroalimentación es fundamental para diseñar intervenciones y estrategias de tratamiento eficaces para las personas que luchan contra la depresión.

Los patrones de comportamiento tienen un profundo impacto en el estado de ánimo, ya que pueden reforzar las distorsiones cognitivas negativas o servir para combatirlas y aliviarlas. El aislamiento, la procrastinación o la evasión pueden intensificar los sentimientos de desesperanza y desesperación, reforzando aún más la sensación de incapacidad o incompetencia. Por otro lado, la participación activa en actividades sociales, el ejercicio y las experiencias placenteras pueden contribuir a una mejor regulación del estado de ánimo y a una sensación de logro, interrumpiendo así el ciclo de retroalimentación negativa.

Por el contrario, el estado de ánimo de una persona influye significativamente en sus decisiones de comportamiento. Sentimientos persistentes de tristeza o inutilidad pueden minar la motivación y los niveles de energía, provocando el abandono de actividades que antes eran placenteras o gratificantes. Además, una mayor irritabilidad o agitación puede contribuir a un aumento de los conflictos en las relaciones interpersonales, reforzando así las autopercepciones negativas y amplificando los síntomas depresivos.

Reconocer la naturaleza bidireccional de este ciclo de retroalimentación es esencial para desarrollar intervenciones terapéuticas específicas. Los enfoques cognitivo-conductuales buscan interrumpir este ciclo animando a las personas a identificar y modificar patrones de comportamiento desadaptativos, a la vez que cuestionan y reestructuran los procesos de pensamiento negativos. Al abordar simultáneamente tanto el comportamiento como los estados de ánimo, estas intervenciones buscan interrumpir el reforzamiento de los síntomas depresivos y fomentar estrategias de afrontamiento adaptativas.

Las intervenciones diseñadas para abordar la retroalimentación entre el comportamiento y el estado de ánimo suelen incorporar elementos de prácticas basadas en la atención plena y la programación de actividades. El uso de técnicas de atención plena ayuda a las personas a desarrollar una mayor conciencia de sus respuestas emocionales y conductuales, fomentando un enfoque más deliberado e intencional para gestionar sus experiencias. De igual manera, la programación estructurada de actividades ayuda a restablecer la sensación de rutina y logro, fomentando el refuerzo positivo y contrarrestando la inercia abrumadora comúnmente asociada con la depresión.

Impacto en la regulación emocional y el comportamiento

1. Introducción:

La regulación emocional es un proceso complejo que involucra componentes biológicos y psicológicos que desempeñan un papel crucial en la modulación de las respuestas emocionales. A nivel biológico, el sistema límbico cerebral, en particular la amígdala y la corteza prefrontal, es fundamental para la regulación de las emociones. La amígdala, a menudo denominada el centro emocional del cerebro, desempeña un papel clave en la detección y respuesta a posibles amenazas o estímulos gratificantes. Procesa la información emocional y desencadena las reacciones fisiológicas y conductuales correspondientes. Por otro lado, la corteza prefrontal, conocida por su participación en la toma de decisiones y el control cognitivo, ayuda a regular las respuestas emocionales modulando su actividad y promoviendo el pensamiento razonado en situaciones de excitación emocional. Esta interacción entre la amígdala y la corteza prefrontal constituye la base de la regulación emocional a nivel neurológico. Además, neurotransmisores como la serotonina, la dopamina y la noradrenalina también contribuyen a la modulación de las respuestas emocionales, influyendo en el estado de ánimo, la excitación y la reactividad al estrés. En cuanto al aspecto psicológico, factores como las experiencias tempranas, las conductas aprendidas, los mecanismos de afrontamiento y la evaluación cognitiva influyen en la regulación emocional. Por ejemplo, quienes experimentaron entornos de apoyo y crianza durante la infancia pueden desarrollar estrategias adaptativas de regulación emocional, mientras que quienes estuvieron expuestos a experiencias adversas pueden experimentar respuestas emocionales desreguladas. Además, es fundamental subestimar la influencia de la evaluación cognitiva, donde las interpretaciones y percepciones individuales de los eventos moldean sus experiencias emocionales. Las técnicas de reestructuración y reevaluación cognitiva son fundamentales para alterar las respuestas emocionales al desafiar y modificar patrones de pensamiento desadaptativos. En general, la interacción entre elementos biológicos y psicológicos configura de forma compleja la forma en que los individuos regulan sus emociones, lo que resalta la naturaleza multidimensional de la regulación emocional.

2. Relación entre cognición y emoción:

La relación entre la cognición y la emoción ha sido objeto de intenso estudio en los campos de la psicología, la neurociencia y la psiquiatría. Las teorías cognitivas proponen que las emociones se ven influenciadas por la forma en que los individuos perciben e interpretan sus experiencias internas y externas. Comprender a fondo esta relación es crucial para dilucidar los mecanismos que subyacen a la desregulación emocional y las distorsiones cognitivas. Comprender la influencia de la cognición en la emoción implica examinar cómo los individuos evalúan e interpretan situaciones, eventos y estímulos. Las evaluaciones cognitivas, como la evaluación de la importancia de un posible factor estresante o la determinación de la probabilidad de éxito en una tarea determinada, influyen directamente en la generación e intensidad de las respuestas emocionales. Además, los procesos cognitivos, como la atención, la memoria y el razonamiento, interactúan continuamente con los estados emocionales, moldeando la percepción e influyendo en la toma de decisiones. Esta relación bidireccional es vital para comprender el profundo impacto de las distorsiones cognitivas en la regulación emocional y los resultados conductuales subsiguientes. Asimismo, los avances recientes en estudios de neuroimagen han proporcionado información valiosa sobre los correlatos neuronales de las interacciones entre emoción y cognición. La investigación neurocientífica ha identificado regiones cerebrales específicas y redes funcionales que median la relación entre la cognición y la emoción, lo que ha arrojado luz sobre los mecanismos neuronales subyacentes. Una exploración profunda de estos fundamentos neurológicos es esencial para dilucidar la base biológica de la desregulación emocional y su asociación con las distorsiones cognitivas. Comprender la relación entre la cognición y la emoción es fundamental para abordar las respuestas emocionales desadaptativas y las conductas disfuncionales que se manifiestan en diversos trastornos psicológicos.

3. Distorsiones cognitivas y desregulación emocional:

Las distorsiones cognitivas desempeñan un papel fundamental en la alteración de la regulación emocional, lo que conlleva importantes dificultades para gestionar los sentimientos y las respuestas conductuales. Estas distorsiones, derivadas de procesos de pensamiento erróneos, pueden generar una percepción inexacta de la realidad, lo que agrava la desregulación emocional.

En el núcleo de las distorsiones cognitivas se encuentra la propensión a magnificar los eventos negativos y minimizar las experiencias positivas, lo que fomenta un panorama emocional distorsionado. Esta distorsión a menudo se manifiesta como una abrumadora sensación de desesperación, desesperanza y ansiedad, lo que afecta la capacidad de regular las emociones eficazmente. Además, la naturaleza generalizada de estas distorsiones puede intensificar la excitación emocional, lo que conduce a respuestas conductuales impulsivas y desadaptativas. A medida que las personas se ven atrapadas en este ciclo de pensamiento distorsionado y desregulación emocional, las manifestaciones conductuales resultantes afianzan aún más los efectos adversos sobre su equilibrio psicológico.

Las distorsiones cognitivas, como la sobregeneralización, la personalización y el catastrofismo, pueden alterar significativamente la regulación emocional al distorsionar la percepción de uno mismo, de los demás y del mundo. El bombardeo incesante de sesgos cognitivos negativos puede fomentar una profunda sensación de vulnerabilidad y amenaza, desencadenando una mayor reactividad emocional y mecanismos de afrontamiento desadaptativos. En consecuencia, las personas pueden mostrar tendencia a adoptar conductas perjudiciales o a aislarse de las interacciones sociales, lo que exacerba el ciclo de desregulación emocional.

La interacción entre las distorsiones cognitivas y la desregulación emocional subraya el profundo impacto en las relaciones interpersonales y el funcionamiento general del individuo. Estas distorsiones pueden influir en la forma en que las personas interpretan y responden a las señales de su entorno, moldeando así su repertorio conductual. Como resultado, pueden surgir patrones disfuncionales de comunicación e interacción, lo que dificulta el establecimiento de relaciones sanas y de apoyo y perpetúa el ciclo de agitación emocional.

4. Impacto en las respuestas conductuales:

Cuando las personas experimentan patrones de pensamiento distorsionados y tienen dificultades para regular sus emociones, esto se manifiesta inevitablemente en sus comportamientos, lo que conlleva diversas consecuencias y desafíos. En muchos casos, las personas pueden presentar conductas de evitación, aislamiento social o una mayor irritabilidad al lidiar con percepciones distorsionadas de sí mismas y del mundo que las rodea. Además, pueden surgir estrategias de afrontamiento desadaptativas, como el abuso de sustancias o la autolesión, como resultado de la agitación emocional asociada a las cogniciones distorsionadas. Estas respuestas conductuales no solo perpetúan la angustia de la persona, sino que también contribuyen a los conflictos interpersonales y al deterioro del funcionamiento en diversos ámbitos de la vida, como el trabajo, las relaciones y las actividades de ocio. Además, la interacción entre las distorsiones cognitivas, la desregulación emocional y las respuestas conductuales a menudo exacerba el ciclo de refuerzo negativo, reforzando patrones disfuncionales de pensamiento y sentimiento. Por ejemplo, las personas pueden incurrir en comportamientos de autosabotaje que refuerzan sus creencias negativas, perpetuando una espiral descendente de respuestas desadaptativas. Es fundamental reconocer la conexión entre las distorsiones cognitivas, la desregulación emocional y las respuestas conductuales para abordar eficazmente estos problemas mediante intervenciones específicas. Al comprender a fondo las manifestaciones conductuales asociadas con las distorsiones cognitivas y la desregulación emocional, los profesionales de la salud mental pueden adaptar los enfoques terapéuticos para mitigar el impacto negativo en la vida de las personas. Además, una comprensión profunda de la relación entre la cognición, la emoción y la conducta permite a los profesionales clínicos identificar desencadenantes y antecedentes específicos que contribuyen a las respuestas desadaptativas, sentando las bases para intervenciones terapéuticas más precisas y personalizadas.

5. Perspectivas neurocientíficas sobre la emoción:

El estudio neurocientífico de la emoción abarca un enfoque multidisciplinario que integra conocimientos de neurociencia, psicología y biología para dilucidar los mecanismos y vías subyacentes implicados en el procesamiento emocional. En el centro de este campo se encuentra la exploración de las estructuras neuronales, los sistemas de neurotransmisores y los patrones de conectividad funcional que subyacen a las experiencias emocionales. Un aspecto clave de la investigación neurocientífica sobre la emoción consiste en investigar los sustratos neuronales asociados con emociones específicas, como el miedo, la alegría, la tristeza y la ira. Las técnicas avanzadas de neuroimagen, como la resonancia magnética funcional y la tomografía por emisión de positrones, han proporcionado información valiosa sobre los circuitos neuronales implicados en las respuestas emocionales.

Las investigaciones neurocientíficas han esclarecido la interacción entre el sistema límbico y las regiones corticales en la mediación de la regulación y el procesamiento emocional. La amígdala, una estructura fundamental del sistema límbico, desempeña un papel fundamental en la rápida evaluación de los estímulos emocionales y en el inicio de las respuestas fisiológicas y conductuales. Simultáneamente, la corteza prefrontal ejerce un control regulador sobre las reacciones emocionales mediante la reevaluación cognitiva y la evaluación contextual de los estímulos emocionales. Esta interacción dinámica entre las regiones subcorticales y corticales subraya la complejidad de la regulación emocional y la susceptibilidad a las distorsiones cognitivas que pueden alterar estos procesos.

El papel de los neurotransmisores, como la serotonina, la dopamina y la noradrenalina, se ha estudiado ampliamente en relación con el funcionamiento emocional. La desregulación de los neurotransmisores se ha relacionado con diversos trastornos afectivos, como la depresión, la ansiedad y el trastorno bipolar, lo que subraya la crucial participación de la neuroquímica en los estados emocionales. Comprender los fundamentos neuroquímicos de las emociones no solo arroja luz sobre la etiología de los trastornos afectivos, sino que también orienta el desarrollo de intervenciones farmacológicas dirigidas a estos sistemas de neurotransmisores.

Los avances en las metodologías neurocientíficas también han impulsado la exploración de las influencias genéticas y epigenéticas en la reactividad y la regulación emocional. La investigación en genética molecular ha identificado genes asociados con rasgos emocionales y susceptibilidad a los trastornos del estado de ánimo, lo que proporciona una comprensión integral de las contribuciones genéticas a los fenotipos emocionales. Las modificaciones epigenéticas, como la metilación del ADN y la acetilación de histonas, se han implicado en la modulación de la expresión génica relacionada con el procesamiento emocional, lo que ofrece prometedoras vías para intervenciones terapéuticas dirigidas a los mecanismos epigenéticos.

6. Trastornos afectivos:

Los trastornos afectivos abarcan una amplia gama de trastornos de salud mental caracterizados por alteraciones del estado de ánimo, las emociones y el afecto. El trastorno depresivo mayor (TDM) es uno de los trastornos afectivos más prevalentes, caracterizado por sentimientos persistentes de tristeza, desesperanza y apatía. Los periodos contrastantes de mayor energía y profundo desánimo son característicos del trastorno bipolar, contribuyendo a su distintiva naturaleza cíclica. Los trastornos de ansiedad abarcan un espectro variado, incluyendo el trastorno de ansiedad generalizada (TAG), el trastorno de pánico y el trastorno de ansiedad social, cada uno de los cuales presenta desafíos únicos en la regulación emocional y la respuesta al estrés.

Al realizar el análisis comparativo, se hace evidente que los trastornos afectivos comparten ciertos síntomas superpuestos, a la vez que presentan patrones distintivos que influyen en la reactividad emocional y las respuestas conductuales. Explorar los criterios diagnósticos y las evaluaciones clínicas empleadas para diferenciar estos trastornos ofrece información valiosa sobre las diversas presentaciones observadas en la práctica clínica. Además, comprender las bases neurobiológicas y las predisposiciones genéticas asociadas con los trastornos afectivos contribuye a una apreciación holística de su impacto en la regulación emocional y la dinámica conductual.

Las influencias socioculturales y los factores de estrés ambientales se entrelazan con la manifestación y la evolución de los trastornos afectivos, añadiendo complejidad al panorama comparativo. Al esclarecer estos factores interrelacionados, este análisis comparativo pretende fomentar una comprensión más profunda de la naturaleza multifacética de los trastornos afectivos, sirviendo como base para evaluaciones fundamentadas e intervenciones personalizadas. Además, esta sección explora las modalidades de tratamiento y los enfoques terapéuticos diseñados para abordar la sintomatología específica y las deficiencias funcionales asociadas a diversos trastornos afectivos, abogando por un marco de atención personalizado e integrado.

7. Estrategias para mejorar la regulación emocional:

La regulación emocional es un componente fundamental del bienestar mental y desempeña un papel fundamental en nuestra capacidad para afrontar eficazmente los desafíos de la vida. En este sentido, es pertinente mencionar una serie de estrategias cruciales basadas en la evidencia, dirigidas a mejorar la regulación emocional en personas con distorsiones cognitivas y trastornos afectivos.

Intervenciones basadas en la atención plena: Las prácticas de atención plena, como la meditación y los ejercicios de atención focalizada, han mostrado resultados prometedores en el fomento de la conciencia emocional y la reducción de la reactividad a los estímulos negativos. Al cultivar la conciencia del momento presente, las personas pueden adquirir un mayor control sobre sus respuestas emocionales y desarrollar resiliencia frente a las distorsiones cognitivas.

- Técnicas de Reestructuración Cognitiva: La terapia cognitivo-conductual (TCC) ofrece herramientas eficaces para desafiar y reestructurar patrones de pensamiento desadaptativos. Al identificar y modificar creencias distorsionadas, las personas pueden lograr mayor claridad emocional y flexibilidad cognitiva, lo que resulta en respuestas conductuales más adaptativas.

- Entrenamiento en Habilidades de Regulación Emocional: Dotar a las personas de habilidades específicas para reconocer, comprender y modular las emociones constituye la base de la terapia dialéctica conductual (TDC). Este enfoque multifacético abarca la regulación emocional, la tolerancia a la angustia, la eficacia interpersonal y la atención plena, proporcionando un marco integral para el manejo de la desregulación emocional.

- Estrategias de modificación del estilo de vida: Realizar ejercicio físico con regularidad, mantener una dieta equilibrada y dormir lo suficiente son aspectos fundamentales del autocuidado emocional. Estas modificaciones contribuyen a la estabilidad neurobiológica, favoreciendo así una regulación emocional eficaz y mitigando el impacto de las distorsiones cognitivas en el estado de ánimo y el comportamiento.

- Apoyo y conexión social: Cultivar conexiones sociales significativas y buscar el apoyo de personas de confianza puede servir como protección contra los efectos negativos de las distorsiones cognitivas. Construir una red de apoyo sólida fomenta la resiliencia emocional y proporciona vías para la validación, la empatía y la perspectiva, lo que favorece una mejor regulación emocional.

- Terapia de Aceptación y Compromiso (ACT): La ACT enfatiza la aceptación de las experiencias internas, junto con la acción comprometida hacia objetivos basados en valores. Al fomentar la flexibilidad psicológica y promover la aceptación consciente de los pensamientos y emociones, las personas pueden mejorar su capacidad de regulación emocional adaptativa y buscar una vida con propósito a pesar de las distorsiones cognitivas.

La incorporación de estas estrategias en la práctica clínica y las rutinas de bienestar personal ofrece un gran potencial para mitigar los efectos perjudiciales de las distorsiones cognitivas en la regulación emocional y las respuestas conductuales. Además, la investigación y la innovación en curso en este ámbito siguen ampliando el repertorio de intervenciones disponibles.

8. Resultados terapéuticos y ajustes conductuales:

A medida que las personas participan en intervenciones terapéuticas dirigidas a abordar las distorsiones cognitivas y mejorar la regulación emocional, es fundamental evaluar los posibles resultados y los ajustes conductuales que puedan producirse. Los resultados terapéuticos se refieren a los cambios mensurables en el bienestar psicológico, los procesos cognitivos y los patrones de comportamiento de las personas tras la implementación de intervenciones específicas. Estos resultados son fundamentales para evaluar la eficacia de diversas estrategias terapéuticas. Además, identificar los ajustes conductuales resultantes de una mejor regulación emocional permite una comprensión integral del impacto holístico de los esfuerzos terapéuticos. Mediante rigurosa investigación empírica y observación clínica, se han documentado diversos resultados terapéuticos y ajustes conductuales en diversas poblaciones. Un resultado notable se refiere a la mitigación de patrones de pensamiento desadaptativos y distorsiones cognitivas. A medida que las personas aprenden a reconocer y cuestionar su pensamiento distorsionado, a menudo experimentan una reducción del afecto negativo y una mayor capacidad para gestionar las respuestas emocionales. Esto, a su vez, se manifiesta en ajustes conductuales observables, como la disminución de las conductas de evitación, la mejora de las interacciones sociales y una mayor capacidad para tomar decisiones. Además, las intervenciones terapéuticas contribuyen frecuentemente a un mayor sentido de autoconciencia y comprensión emocional, facilitando mecanismos de afrontamiento adaptativos y fortaleciendo la resiliencia ante la adversidad. Estos resultados no solo marcan la eficacia de las estrategias de intervención, sino que también resaltan el impacto de una mejor regulación emocional en el funcionamiento diario y el bienestar general de las personas. Un aspecto esencial de la evaluación de los resultados terapéuticos y los ajustes conductuales implica considerar los efectos sostenidos de las intervenciones más allá del período de tratamiento inmediato. Las evaluaciones de seguimiento y los estudios longitudinales han demostrado que las estrategias efectivas de regulación emocional pueden conducir a ajustes conductuales duraderos y mejoras sostenidas en los resultados de salud mental. En consecuencia, las personas que se han sometido a intervenciones terapéuticas exitosas a menudo muestran una mayor capacidad para la resolución de problemas, mayor motivación y una perspectiva más positiva de la vida. Estos ajustes conductuales duraderos subrayan el potencial transformador de las intervenciones dirigidas a fomentar la regulación emocional y mitigar las distorsiones cognitivas.

Herramientas de diagnóstico y técnicas de identificación

1. Técnicas y protocolos de entrevista clínica:

La entrevista clínica es un elemento fundamental de la evaluación psicológica, ya que permite a los profesionales clínicos obtener información valiosa directamente del paciente. La fase inicial suele implicar establecer una buena relación y construir una alianza terapéutica con el paciente, creando un entorno cómodo y seguro para una comunicación abierta. Los profesionales clínicos utilizan diversas estrategias de interrogatorio, como preguntas abiertas, entrevistas estructuradas y observaciones conductuales, para obtener información detallada sobre los pensamientos, emociones, comportamientos y experiencias del paciente. Estas técnicas ayudan a identificar distorsiones cognitivas y a evaluar el estado mental general del paciente. Los protocolos para las entrevistas clínicas suelen incluir evaluaciones estandarizadas, lo que garantiza una recopilación de datos consistente y sistemática. Además, los profesionales están capacitados para reconocer las señales no verbales y las sensibilidades culturales, que pueden influir significativamente en la precisión de la evaluación. Comprender los matices de la comunicación verbal y no verbal es crucial para unas entrevistas eficaces. Asimismo, las consideraciones éticas, la confidencialidad y el consentimiento informado desempeñan un papel fundamental en la implementación de estas técnicas, garantizando el respeto de los derechos y el bienestar del paciente durante todo el proceso de evaluación.

2. Utilización de inventarios de autoinforme:

Los inventarios de autoinforme suelen consistir en cuestionarios estandarizados o escalas de valoración que permiten a las personas expresar sus pensamientos, sentimientos y comportamientos de forma estructurada. Al aprovechar los autoinformes, los profesionales clínicos pueden obtener una comprensión más completa de las experiencias subjetivas y los estados internos de una persona, lo que puede ser fundamental para identificar distorsiones cognitivas, alteraciones del estado de ánimo y patrones de pensamiento desadaptativos. Al integrar los inventarios de autoinforme en el marco de evaluación, es fundamental seleccionar medidas con una fiabilidad y validez comprobadas, garantizando que los datos recopilados reflejen con precisión el funcionamiento psicológico del individuo. Además, se debe prestar especial atención a los constructos específicos que se evalúan, adaptando la selección de inventarios a áreas clave como la depresión, la ansiedad, las creencias irracionales o las actitudes disfuncionales. La interpretación de los datos de autoinforme requiere un enfoque matizado, que tenga en cuenta los posibles sesgos de respuesta, los factores culturales y las influencias situacionales que pueden afectar la autorrevelación del individuo. Además, la integración de los autoinformes con la información obtenida de otras modalidades de evaluación, como las entrevistas clínicas y las observaciones conductuales, mejora la utilidad diagnóstica y fortalece la formulación clínica general. Sin embargo, es importante reconocer las limitaciones asociadas con los inventarios de autoinformes, incluyendo la tendencia al sesgo de deseabilidad social, la aquiescencia de las respuestas o las dificultades para recordar y reportar con precisión las experiencias internas. Por lo tanto, los profesionales clínicos deben abordar el uso de los autoinformes con una perspectiva crítica, complementando los datos del cuestionario con evidencia corroborativa de múltiples fuentes para garantizar una evaluación integral y precisa. A medida que la tecnología continúa evolucionando, existe una tendencia creciente hacia la administración y calificación digital de los inventarios de autoinformes, lo que ofrece mayor accesibilidad y una gestión de datos optimizada. Sin embargo, las consideraciones éticas sobre la privacidad de los datos, la seguridad y el posible impacto de la tecnología en la alianza terapéutica deben gestionarse con cuidado.

3. Métodos de observación del comportamiento:

Los métodos de observación del comportamiento implican el registro y análisis sistemáticos del comportamiento manifiesto de un individuo en diversos entornos, como entornos clínicos, interacciones sociales o entornos naturalistas. Mediante observaciones estructuradas, los profesionales pueden obtener información valiosa sobre el impacto de las distorsiones cognitivas en las respuestas conductuales y la dinámica interpersonal de un individuo.

Un aspecto clave de los métodos de observación del comportamiento es el uso de sistemas estandarizados de codificación del comportamiento. Estos sistemas permiten la cuantificación y categorización de comportamientos específicos, proporcionando un marco fiable para identificar patrones asociados con distorsiones cognitivas. Al utilizar estos sistemas estandarizados, los profesionales clínicos pueden recopilar y analizar eficazmente datos conductuales, lo que facilita la formulación de evaluaciones precisas e intervenciones personalizadas.

Los métodos de observación conductual abarcan la monitorización directa de conductas observables, incluyendo expresiones verbales y no verbales, manifestaciones emocionales e interacciones sociales. Este enfoque integral permite a los profesionales clínicos identificar señales sutiles y patrones de comportamiento matizados que podrían estar relacionados con distorsiones cognitivas específicas. Además, la incorporación de tecnología, como grabaciones de video o dispositivos de monitorización electrónica, permite un análisis y una documentación más profundos de las respuestas conductuales en diversos contextos.

Además de las prácticas de observación básicas, las evaluaciones conductuales suelen implicar la colaboración con actores relevantes, como familiares, cuidadores o pares. La información obtenida de estas fuentes contribuye a una comprensión holística del repertorio conductual del individuo y ayuda a contextualizar las conductas observadas en su entorno social más amplio.

Las consideraciones éticas son fundamentales al realizar observaciones conductuales. Los profesionales deben garantizar la privacidad y la dignidad de la persona observada, cumpliendo con las directrices profesionales y las normativas legales. Además, obtener el consentimiento informado y mantener la confidencialidad son principios fundamentales en las prácticas éticas de evaluación conductual.

4. Papel de las evaluaciones neuropsicológicas:

Las evaluaciones neuropsicológicas desempeñan un papel crucial en la evaluación de las funciones cognitivas y la identificación de posibles distorsiones cognitivas. Estas evaluaciones utilizan una batería de pruebas estandarizadas para medir diversas áreas del funcionamiento cognitivo, como la atención, la memoria, las funciones ejecutivas, las habilidades lingüísticas, las capacidades visoespaciales y la destreza motora. Al examinar estas áreas cognitivas específicas, los profesionales clínicos pueden obtener información valiosa sobre los procesos cognitivos subyacentes que pueden contribuir a los patrones de pensamiento distorsionados en las personas. Además, los resultados de las evaluaciones neuropsicológicas pueden ayudar en el diagnóstico diferencial, al distinguir entre las distorsiones cognitivas derivadas de trastornos del estado de ánimo y las asociadas con afecciones o lesiones neurológicas. La naturaleza integral de estas evaluaciones permite una evaluación exhaustiva de las fortalezas y debilidades cognitivas de una persona, proporcionando una comprensión matizada de su perfil cognitivo. Asimismo, los hallazgos de las evaluaciones neuropsicológicas pueden fundamentar la planificación del tratamiento y las estrategias de intervención adaptadas a déficits cognitivos específicos. Es importante destacar que la interpretación de los resultados de la evaluación neuropsicológica requiere experiencia especializada para garantizar un análisis preciso y una aplicación significativa en el contexto de las distorsiones cognitivas. Los profesionales clínicos deben considerar la influencia de los factores emocionales en el rendimiento cognitivo e interpretar los hallazgos dentro de un marco psicológico más amplio. Además, deben tenerse en cuenta las variables culturales y demográficas para detectar posibles sesgos en los resultados de la evaluación cognitiva. La integración de las evaluaciones neuropsicológicas con otras herramientas diagnósticas y técnicas de identificación ofrece una comprensión más completa del funcionamiento cognitivo de una persona, contribuyendo así a un enfoque holístico para abordar las distorsiones cognitivas. En general, el papel de las evaluaciones neuropsicológicas en la evaluación e identificación de las distorsiones cognitivas es fundamental para orientar intervenciones clínicas eficaces y promover la rehabilitación cognitiva dirigida a mitigar el impacto de los patrones de pensamiento distorsionados en el bienestar emocional y las respuestas conductuales de las personas.

5. Interpretación de los resultados de las pruebas cognitivas:

Las pruebas cognitivas ofrecen información valiosa sobre el funcionamiento cognitivo de una persona, incluyendo la memoria, la atención, la capacidad de resolución de problemas y el rendimiento cognitivo general. Es fundamental abordar la interpretación de los resultados de las pruebas cognitivas con una comprensión integral de los antecedentes únicos de cada individuo, sus influencias culturales y los posibles factores de confusión.

Un análisis exhaustivo de los resultados de las pruebas cognitivas implica examinar el rendimiento en diversas áreas cognitivas. Esto incluye la evaluación del razonamiento verbal y no verbal, la velocidad de procesamiento, la memoria de trabajo y las funciones ejecutivas. Comprender la interacción entre estas áreas cognitivas puede proporcionar información valiosa sobre las fortalezas y debilidades cognitivas de una persona.

La interpretación de los resultados de las pruebas cognitivas requiere considerar las normas apropiadas para la edad y compararlas con datos poblacionales relevantes. Al contextualizar el rendimiento de un individuo dentro de un marco de referencia más amplio, los profesionales clínicos pueden comprender mejor la importancia de las fortalezas o déficits cognitivos específicos. Además, es crucial reconocer que el rendimiento en las pruebas puede verse influenciado por factores como el estado emocional, la motivación y las distracciones externas, todos los cuales deben tenerse en cuenta en el proceso de interpretación.

Además de considerar las puntuaciones brutas de rendimiento, la interpretación de los resultados de las pruebas cognitivas implica analizar patrones de respuesta e identificar cualquier discrepancia que pueda indicar distorsiones cognitivas subyacentes o un funcionamiento cognitivo atípico. Por ejemplo, un rendimiento inconsistente en diferentes tareas cognitivas podría indicar posibles áreas de preocupación que requieren una mayor exploración.

Observaciones cualitativas, como el enfoque del individuo para la resolución de problemas, su nivel de compromiso durante las pruebas y su capacidad de adaptación a las exigencias cambiantes de la tarea, pueden ofrecer información valiosa sobre su estilo de procesamiento cognitivo y sus posibles áreas de dificultad. Estos aspectos cualitativos complementan las puntuaciones de las pruebas cuantitativas y contribuyen a una interpretación holística del funcionamiento cognitivo de un individuo.

Es fundamental que los profesionales clínicos comuniquen los hallazgos de la interpretación de las pruebas cognitivas con precisión y sensibilidad a las personas evaluadas, enfatizando la naturaleza colaborativa del proceso diagnóstico. El diálogo abierto y la retroalimentación permiten una comprensión más completa de las fortalezas y limitaciones cognitivas del individuo, lo que sienta las bases para estrategias de intervención personalizadas y enfoques de apoyo.

6. Evaluaciones psicométricas:

Las evaluaciones psicométricas abarcan una amplia gama de pruebas y medidas estandarizadas diseñadas para cuantificar diversos aspectos de la cognición, la personalidad y el funcionamiento emocional. Cuando se incorporan eficazmente, las evaluaciones psicométricas pueden contribuir significativamente al diagnóstico preciso y a la formulación de estrategias de intervención específicas. Uno de los aspectos fundamentales del uso de evaluaciones psicométricas es la selección de herramientas de evaluación adecuadas según la presentación clínica específica y los constructos subyacentes respaldados por la investigación. Comprender las propiedades psicométricas de cada prueba, incluyendo la fiabilidad, la validez y los datos normativos, es crucial para garantizar la precisión y la interpretabilidad de los resultados de la evaluación. Además, es imperativo considerar los factores culturales y lingüísticos al seleccionar e interpretar las pruebas psicométricas para minimizar posibles sesgos y mejorar la validez de las evaluaciones en diversas poblaciones. La administración y la calificación de las evaluaciones psicométricas requieren el cumplimiento de protocolos estandarizados para mantener la coherencia y la fiabilidad. Profesionales capacitados deben realizar estas evaluaciones en un entorno controlado para optimizar la calidad de los datos obtenidos y minimizar las influencias externas en el rendimiento de la prueba. Asimismo, las consideraciones éticas relativas al consentimiento informado, la confidencialidad y la utilización de los resultados de la evaluación deben fundamentar todo el proceso de incorporación de las evaluaciones psicométricas. Los profesionales deben comunicarse claramente con los clientes sobre el propósito, la naturaleza y las posibles implicaciones de estas evaluaciones para mantener los estándares éticos y garantizar su comprensión y cooperación. Además de los datos cuantitativos derivados de las evaluaciones psicométricas, la integración con la información cualitativa obtenida mediante entrevistas clínicas, observaciones conductuales e informes complementarios es esencial para desarrollar una comprensión integral del estado de salud mental de una persona. Este enfoque holístico facilita una interpretación más matizada y contextualizada de los hallazgos de la evaluación, lo que conduce a conclusiones diagnósticas más precisas y clínicamente relevantes. Finalmente, el desarrollo profesional continuo y la capacitación en la administración e interpretación de las evaluaciones psicométricas son indispensables para que los profesionales mantengan la competencia y la experiencia en el uso eficaz de estas herramientas de evaluación. El perfeccionamiento y la actualización continuos de las habilidades en el uso de las evaluaciones psicométricas son necesarios para mantenerse al día con los avances en el campo y garantizar la prestación de una atención de salud mental de alta calidad y basada en la evidencia.

7. Desafíos para una identificación precisa:

Identificar con precisión las distorsiones cognitivas presenta un desafío multifacético debido a la naturaleza de la cognición y la emoción humanas. Un desafío principal reside en la subjetividad inherente a los procesos de pensamiento humano, lo que dificulta la categorización y el etiquetado uniforme de los patrones de pensamiento distorsionados. Además, las personas no siempre manifiestan síntomas evidentes de distorsiones cognitivas, lo que puede complicar aún más su identificación precisa. Asimismo, la interconexión de las distorsiones cognitivas con otras afecciones de salud mental plantea un desafío significativo, ya que identificar y aislar distorsiones cognitivas específicas en medio de una multitud de problemas subyacentes exige un discernimiento hábil. Las barreras culturales y lingüísticas también contribuyen a la complejidad de identificar con precisión las distorsiones cognitivas, ya que los diferentes contextos culturales pueden influir en cómo se manifiestan y expresan. Asimismo, la naturaleza dinámica y fluctuante de las distorsiones cognitivas presenta un desafío continuo, ya que estas distorsiones pueden transformarse o intensificarse con el tiempo, lo que requiere vigilancia y reevaluación continuas. Asimismo, el sesgo y las preconcepciones del profesional clínico pueden influir inadvertidamente en el proceso diagnóstico, lo que podría llevar a una interpretación errónea o a la omisión de indicadores cruciales de distorsiones cognitivas. La interacción entre las distorsiones cognitivas y las comorbilidades exige un enfoque diagnóstico integral, en el que los profesionales clínicos deben abordar con destreza los distintos niveles de síntomas para identificar las distorsiones cognitivas específicas. Las consideraciones éticas plantean otro desafío crítico para la identificación precisa de las distorsiones cognitivas, ya que es fundamental preservar la autonomía y la dignidad de las personas durante las evaluaciones. Equilibrar la necesidad de un diagnóstico preciso con la obligación ética de minimizar la estigmatización y proteger los derechos individuales requiere una reflexión profunda y una navegación experta. Finalmente, el panorama tecnológico en constante evolución y su impacto en la cognición humana presenta un nuevo desafío, ya que la era digital genera nuevas formas de distorsiones cognitivas que requieren adaptación y conocimiento dentro de los marcos diagnósticos. Abordar estos desafíos multifacéticos para una identificación precisa requiere un enfoque matizado y holístico que incorpore la experiencia clínica, la sensibilidad cultural, la conciencia ética y la adaptabilidad a los avances tecnológicos.

8. Consideraciones éticas en el diagnóstico:

Las consideraciones éticas son fundamentales en el diagnóstico de distorsiones cognitivas y trastornos de salud mental relacionados. Los profesionales clínicos deben adherirse a estrictas directrices éticas para garantizar el bienestar y la autonomía de sus pacientes durante los procedimientos diagnósticos. Una de las principales consideraciones éticas en el diagnóstico es la confidencialidad. Los profesionales de la salud mental deben proteger la privacidad de sus pacientes y proteger su información personal del acceso o la divulgación no autorizados. Esto implica almacenar de forma segura los registros de los pacientes, obtener el consentimiento informado para compartir información con otros profesionales de la salud y revelar información confidencial solo cuando lo exija la ley o cuando sea necesario para prevenir daños. Además, los profesionales clínicos deben mantenerse alerta ante el posible uso indebido de las etiquetas diagnósticas. Es crucial abordar el diagnóstico con competencia cultural y sensibilidad para evitar la estigmatización de las personas por sus trastornos de salud mental. Asimismo, es esencial considerar las implicaciones de un diagnóstico más allá del contexto inmediato del tratamiento. Los profesionales éticos deben sopesar el posible impacto de las etiquetas en las relaciones sociales, las oportunidades laborales y la autopercepción de una persona. La competencia y las cualificaciones también son imperativos éticos en el diagnóstico de distorsiones cognitivas. Los profesionales deben poseer la formación, los conocimientos y la experiencia adecuados para realizar evaluaciones precisas y fiables. Es poco ético que personas sin las credenciales adecuadas administren pruebas diagnósticas u ofrezcan interpretaciones clínicas. Además, los profesionales deben esforzarse por el desarrollo profesional continuo para mantenerse al día con los últimos avances en herramientas de evaluación y técnicas de diagnóstico. El consentimiento informado es otra consideración ética fundamental en el diagnóstico. Los pacientes tienen derecho a estar plenamente informados sobre el propósito, la naturaleza y los posibles riesgos asociados a los procedimientos diagnósticos. Los profesionales de la salud mental deben entablar conversaciones transparentes con sus pacientes, asegurándose de que comprendan el proceso de evaluación y sus implicaciones. Esto incluye proporcionar explicaciones claras sobre la justificación de las evaluaciones específicas, los posibles enfoques alternativos y los resultados esperados del proceso diagnóstico. Finalmente, los profesionales éticos priorizan el bienestar y los mejores intereses de sus pacientes durante todo el proceso diagnóstico. Demuestran empatía, respeto y una actitud imparcial, fomentando un entorno terapéutico donde los pacientes se sienten cómodos al compartir sus experiencias e inquietudes.

9. Integración con el análisis emocional y conductual:

La integración de la evaluación cognitiva con el análisis emocional y conductual puede ofrecer una comprensión integral del estado psicológico de una persona. El análisis emocional implica examinar todo el espectro de emociones que experimenta la persona en respuesta a diversos estímulos o situaciones. Al explorar la intensidad, la frecuencia y la reactividad de estas emociones, los profesionales clínicos pueden comprender cómo las distorsiones cognitivas influyen en las respuestas afectivas.

El análisis conductual abarca la observación y evaluación de las acciones, hábitos e interacciones interpersonales manifiestas de un individuo. Al analizar patrones de comportamiento, los profesionales pueden identificar estrategias de afrontamiento desadaptativas o mecanismos de evitación arraigados en patrones de pensamiento distorsionados. Además, vincular las distorsiones cognitivas con las señales conductuales permite una evaluación más completa de su impacto en el funcionamiento diario y las relaciones sociales de un individuo.

La integración de la evaluación cognitiva con el análisis emocional y conductual también permite un enfoque más matizado para la intervención y la planificación del tratamiento. Comprender cómo las distorsiones cognitivas contribuyen a estados emocionales o patrones de comportamiento específicos puede orientar el desarrollo de técnicas terapéuticas específicas. Por ejemplo, las intervenciones cognitivo-conductuales pueden adaptarse para abordar tanto las creencias distorsionadas subyacentes como las perturbaciones emocionales y conductuales resultantes.

Este enfoque integrado facilita el seguimiento del progreso del tratamiento y la evaluación de su eficacia. Al evaluar continuamente los cambios cognitivos, emocionales y conductuales a lo largo de la intervención, los profesionales pueden medir hasta qué punto la reestructuración cognitiva y las estrategias de afrontamiento adaptativas están transformando los procesos de pensamiento, las experiencias emocionales y las respuestas conductuales del individuo.

Estrategias de intervención y enfoques correctivos

1. Técnicas de terapia cognitivo-conductual:

La terapia cognitivo-conductual (TCC) es un enfoque psicoterapéutico ampliamente utilizado que ha demostrado su eficacia en el tratamiento de diversos trastornos de salud mental. Su premisa fundamental se basa en la interacción entre pensamientos, emociones y conductas, enfatizando su influencia recíproca. Una de las técnicas clave empleadas en la TCC es la reestructuración cognitiva, que consiste en identificar y desafiar patrones de pensamiento desadaptativos. Este proceso busca reemplazar los pensamientos negativos o distorsionados por otros más equilibrados y racionales.

Otro aspecto fundamental de la TCC es la activación conductual, que se centra en identificar y modificar patrones de comportamiento que contribuyen al malestar emocional. Al participar en actividades estructuradas que generan una sensación de logro o placer, las personas pueden contrarrestar el retraimiento y el letargo, comúnmente asociados con la depresión y otros trastornos del estado de ánimo.

La TCC también utiliza la desensibilización sistemática y la terapia de exposición para abordar las preocupaciones relacionadas con la ansiedad. Estas técnicas consisten en exponer gradualmente a las personas a situaciones temidas o evitadas, a la vez que se les proporciona estrategias de afrontamiento para gestionar la ansiedad. Mediante la exposición repetida, el objetivo es reducir la intensidad de las respuestas de ansiedad y fomentar una sensación de control sobre los estímulos que previamente les causaban angustia.

Por otro lado, la TCC incorpora tareas y herramientas de automonitoreo para involucrar activamente a las personas en su proceso terapéutico. Estas tareas pueden incluir el seguimiento de pensamientos y emociones, la práctica de ejercicios de relajación o la implementación de habilidades recién adquiridas en situaciones reales.

En el contexto de la terapia cognitivo-conductual, la colaboración entre el terapeuta y el paciente desempeña un papel fundamental. Los terapeutas trabajan para crear un entorno de apoyo y colaboración donde las personas se sientan empoderadas para explorar sus experiencias internas y desarrollar estrategias adaptativas. Esta participación activa fomenta un sentido de autonomía y facilita la transferencia de habilidades de las sesiones de terapia a la vida diaria.

La eficacia de la TCC se extiende a diversas poblaciones y trastornos psicológicos, lo que la convierte en una intervención versátil y valiosa. Las investigaciones siguen demostrando su eficacia para reducir la gravedad de los síntomas, prevenir las recaídas y mejorar el funcionamiento general. A medida que la TCC evoluciona, los esfuerzos se centran en adaptar las intervenciones a las necesidades individuales, integrar consideraciones culturales y explorar los avances tecnológicos para optimizar la administración del tratamiento.

2. Estrategias basadas en la atención plena y la aceptación:

Al abordar las distorsiones cognitivas, es crucial profundizar en la atención plena y las estrategias basadas en la aceptación, ya que ofrecen un valioso complemento a las técnicas cognitivo-conductuales tradicionales. La atención plena, arraigada en antiguas prácticas contemplativas, implica cultivar la conciencia del momento presente y la aceptación sin prejuicios de las propias experiencias. Al integrar la atención plena en la terapia, las personas pueden desarrollar una comprensión más profunda de sus procesos de pensamiento y patrones emocionales, lo que les permite responder con mayor eficacia a situaciones desafiantes. Las estrategias basadas en la aceptación enfatizan la aceptación de los pensamientos y sentimientos difíciles sin intentar cambiarlos ni suprimirlos. Este enfoque anima a las personas a reconocer la realidad de sus experiencias y a cultivar la autocompasión, fundamental para combatir las distorsiones cognitivas. La investigación ha demostrado que las intervenciones basadas en la atención plena y la aceptación han mostrado resultados prometedores en la reducción de los síntomas depresivos, la ansiedad y el estrés. Comprender los mecanismos subyacentes de la atención plena y las estrategias basadas en la aceptación proporcionará a los profesionales clínicos herramientas eficaces para promover el bienestar psicológico y mejorar los resultados terapéuticos.

3. Modificación del esquema y su función:

Como sabemos, la modificación de esquemas desempeña un papel fundamental en la reestructuración de los patrones y creencias cognitivas profundamente arraigados que contribuyen a las distorsiones cognitivas. Estos esquemas, o creencias fundamentales, constituyen la base de la percepción que una persona tiene de sí misma, del mundo y de su futuro. A menudo se desarrollan durante las primeras etapas de la vida y pueden persistir hasta la edad adulta, influyendo en los pensamientos, las emociones y las conductas. Comprender la influencia de estos esquemas es crucial para abordar las causas profundas de las distorsiones cognitivas. Las intervenciones centradas en esquemas buscan identificar y modificar los esquemas desadaptativos mediante un proceso terapéutico colaborativo.

Los terapeutas utilizan diversas técnicas, como la reestructuración cognitiva, la imaginación guiada y los ejercicios experienciales, para desafiar y reformular los esquemas negativos. Al identificar eventos o situaciones desencadenantes específicos, las personas pueden trabajar para modificar sus esquemas y adoptar creencias más saludables y adaptativas. Además, explorar el origen y el mantenimiento de estos esquemas permite comprender cómo las experiencias pasadas han moldeado sus patrones cognitivos actuales. Esta mayor conciencia actúa como catalizador del cambio, empoderándolas para desafiar y revisar sus estructuras cognitivas desadaptativas.

Integrar la modificación de esquemas en las intervenciones terapéuticas mejora la eficacia de los tratamientos para las distorsiones cognitivas y el malestar emocional asociado. Al abordar las creencias fundamentales subyacentes, los terapeutas pueden ayudar a las personas a romper el ciclo recurrente de pensamientos negativos y conductas autodestructivas. De este modo, los clientes pueden desarrollar una perspectiva más equilibrada y matizada de sí mismos y de sus experiencias, fomentando la resiliencia y un mayor bienestar emocional.

Abordar la modificación de esquemas en los planes de tratamiento implica adaptar las intervenciones a las necesidades y circunstancias únicas de cada individuo. Este enfoque personalizado reconoce la naturaleza diversa de las distorsiones cognitivas y garantiza que las intervenciones se ajusten a las vulnerabilidades cognitivas y emocionales específicas de cada individuo. Mediante estrategias individualizadas, los terapeutas pueden facilitar eficazmente la modificación de esquemas y guiar a los pacientes hacia una transformación cognitiva y emocional duradera.

4. Desarrollo de planes de tratamiento personalizados:

Un aspecto clave del tratamiento moderno de la salud mental consiste en el desarrollo de planes de tratamiento personalizados y a medida para personas que sufren distorsiones cognitivas y síntomas asociados. Los enfoques universales suelen ser inadecuados para abordar la complejidad de los patrones de pensamiento distorsionados y la desregulación emocional que experimentan diferentes personas.

Para empezar, una evaluación exhaustiva de las distorsiones cognitivas, los desencadenantes emocionales y las respuestas conductuales del individuo es fundamental para elaborar el plan de tratamiento. Esto incluye el uso de herramientas de evaluación estandarizadas, la realización de entrevistas exhaustivas y el empleo de observaciones conductuales para obtener una comprensión holística de los procesos cognitivos y los mecanismos de regulación emocional del individuo. Al comprender los matices únicos de las distorsiones cognitivas de cada individuo, el tratamiento puede personalizarse para abordar eficazmente patrones y desencadenantes específicos.

Un enfoque integrador que combina intervenciones basadas en la evidencia es crucial para desarrollar planes de tratamiento personalizados. Las técnicas cognitivo-conductuales, las prácticas de mindfulness y las intervenciones centradas en esquemas pueden integrarse a la perfección según las necesidades y preferencias de cada persona. Se hace hincapié en adaptar las estrategias terapéuticas al estilo de procesamiento cognitivo y emocional de cada persona, fomentando un entorno propicio para una intervención eficaz.

Los profesionales clínicos también deben considerar el contexto social y ambiental del individuo al diseñar planes de tratamiento personalizados. Comprender el impacto de la dinámica familiar, los factores de estrés laboral y las influencias sociales es fundamental para formular intervenciones que consideren la naturaleza multifacética de las distorsiones cognitivas. Además, colaborar con el individuo en el establecimiento de metas y objetivos alcanzables le permite participar activamente en su proceso de recuperación, mejorando así la eficacia del plan de tratamiento.

Un componente integral de los planes de tratamiento personalizados incluye revisiones y ajustes regulares basados en el progreso y la retroalimentación del paciente. La flexibilidad para adaptar las estrategias de intervención garantiza que el tratamiento se adapte a las necesidades y desafíos cambiantes del paciente. Las herramientas de evaluación y las medidas de resultados sirven como indicadores objetivos para monitorear el progreso, guiando el perfeccionamiento iterativo del plan de tratamiento.

5. Aprovechamiento de la tecnología en las intervenciones:

La integración de la tecnología en las intervenciones de salud mental representa un avance significativo en este campo, ofreciendo soluciones innovadoras para mejorar los resultados terapéuticos. Diversas herramientas y plataformas digitales se han convertido en valiosos recursos tanto para profesionales como para personas que buscan apoyo para distorsiones cognitivas y problemas de salud mental relacionados. Las aplicaciones de terapia cognitivo-conductual, por ejemplo, ofrecen a los usuarios ejercicios accesibles e interactivos para identificar y replantear patrones de pensamiento negativos. Estas aplicaciones suelen incluir módulos de autoayuda guiados, funciones de seguimiento del estado de ánimo y recursos educativos, lo que permite a las personas participar en intervenciones estructuradas incluso fuera de las sesiones de terapia tradicionales.

La realidad virtual también ha cobrado relevancia como una herramienta prometedora para abordar las distorsiones cognitivas mediante la creación de entornos simulados donde las personas pueden afrontar y gestionar situaciones estresantes en un entorno controlado. Mediante la terapia de exposición y las experiencias inmersivas, las tecnologías de realidad virtual ofrecen una vía única para la desensibilización y el aprendizaje correctivo, brindando oportunidades para intervenciones específicas adaptadas a distorsiones cognitivas específicas.

Además, la teleterapia y los servicios de asesoramiento en línea son cada vez más comunes, lo que permite a las personas acceder a apoyo profesional a distancia. La comodidad y flexibilidad de las sesiones virtuales facilitan una participación más constante en la terapia, reduciendo las barreras relacionadas con las limitaciones geográficas y los conflictos de horarios. Asimismo, las intervenciones en línea, como los programas de TCC en línea, han demostrado su eficacia para llegar a poblaciones diversas y ofrecer tratamientos con base científica.

El uso de algoritmos de aprendizaje automático y procesamiento del lenguaje natural está transformando el panorama de las intervenciones para la distorsión cognitiva. Estos avances contribuyen a la personalización de la información y a las intervenciones adaptativas mediante el análisis de amplios conjuntos de datos para identificar patrones en los procesos de pensamiento y adaptar las estrategias en consecuencia. Al aprovechar estas tecnologías, los profesionales pueden perfeccionar los planes de tratamiento y optimizar los enfoques terapéuticos basándose en perfiles individualizados, lo que, en última instancia, mejora la precisión y la eficacia de las intervenciones para la distorsión cognitiva.

6. Resiliencia a través del entrenamiento cognitivo:

Desarrollar la resiliencia mediante el entrenamiento cognitivo es un aspecto fundamental de las estrategias de intervención dirigidas a abordar las distorsiones cognitivas y su impacto en la salud mental. Este enfoque se centra en mejorar la capacidad de la persona para afrontar el estrés, la adversidad y los desafíos emocionales, trabajando patrones cognitivos y procesos de pensamiento específicos.

Los programas de entrenamiento cognitivo están diseñados para fortalecer habilidades cognitivas como la atención, la memoria, la resolución de problemas y la toma de decisiones. Al mejorar estas capacidades cognitivas fundamentales, las personas pueden regular mejor sus emociones, gestionar los pensamientos intrusivos y desarrollar mecanismos de afrontamiento más adaptativos.

Un aspecto clave del desarrollo de la resiliencia mediante el entrenamiento cognitivo es el cultivo de la flexibilidad mental. Esto implica ayudar a las personas a reconocer y desafiar los patrones de pensamiento rígidos o negativos que contribuyen al malestar. Mediante ejercicios e intervenciones específicas, las personas aprenden a replantear interpretaciones negativas, ampliar su perspectiva y desarrollar un enfoque más equilibrado y racional para interpretar los acontecimientos de la vida.

El entrenamiento cognitivo para la resiliencia suele incorporar elementos de atención plena y autoconciencia. La práctica de técnicas de atención plena permite cultivar la conciencia del momento presente, reducir la rumiación y aumentar el bienestar psicológico. Al integrar los principios cognitivo-conductuales con las prácticas de atención plena, las personas pueden afrontar situaciones difíciles con mayor ecuanimidad y serenidad.

Otro componente importante del entrenamiento cognitivo para el desarrollo de la resiliencia consiste en fomentar una mentalidad de crecimiento. Se anima a las personas a creer en su capacidad de crecimiento personal y adaptación. Desde esta perspectiva, los reveses y los fracasos se replantean como oportunidades de aprendizaje y desarrollo, lo que genera una perspectiva más optimista y una mayor perseverancia ante los obstáculos.

Además del desarrollo de habilidades cognitivas, el entrenamiento en resiliencia suele incluir psicoeducación sobre las distorsiones cognitivas y su influencia en el bienestar emocional. A través de componentes psicoeducativos, las personas comprenden la naturaleza del pensamiento distorsionado y su relación con los trastornos del estado de ánimo. Este conocimiento les permite reconocer y abordar las distorsiones cognitivas, lo que les permite una mayor autoeficacia y regulación emocional.

La implementación eficaz del entrenamiento cognitivo para la resiliencia requiere planes de tratamiento personalizados y adaptados a las necesidades y objetivos individuales. Al desarrollar e implementar estas intervenciones, los profesionales clínicos deben considerar factores como las fortalezas y debilidades cognitivas, las preocupaciones específicas de salud mental y la disposición de la persona para el cambio.

7. La eficacia de las intervenciones:

Evaluar la eficacia de las intervenciones para abordar las distorsiones cognitivas y los problemas de salud mental relacionados implica la evaluación sistemática del impacto de los enfoques terapéuticos en los pensamientos, sentimientos, comportamientos y el bienestar general de las personas. Este proceso requiere un enfoque integral y multifacético para garantizar que las intervenciones produzcan cambios significativos y sostenibles.

Un elemento clave para evaluar la eficacia es el uso de herramientas de medición y evaluaciones estandarizadas. Estos instrumentos proporcionan medios fiables y válidos para cuantificar y evaluar los síntomas, las cogniciones y los estados emocionales antes, durante y después del período de intervención. Al comparar las puntuaciones previas y posteriores a la intervención, los profesionales sanitarios pueden medir la magnitud del cambio y determinar el grado de éxito de las intervenciones en la reducción de las distorsiones cognitivas y el malestar asociado.

Otro componente crucial de la evaluación de la eficacia consiste en el seguimiento de los cambios de comportamiento y las estrategias de afrontamiento adaptativas adoptadas por las personas tras la intervención. Por ejemplo, el seguimiento de la frecuencia e intensidad de conductas desadaptativas o distorsiones cognitivas específicas puede ofrecer información sobre el progreso alcanzado durante el proceso terapéutico. Los datos cualitativos, como los autoinformes y las anotaciones en el diario, también pueden proporcionar una valiosa fuente de información sobre la experiencia subjetiva de la persona y su percepción del cambio a lo largo del tiempo.

La participación de los clientes en los mecanismos de autoevaluación y retroalimentación es fundamental. Establecer sesiones periódicas de retroalimentación o utilizar indicadores de resultados que reflejen la perspectiva del cliente puede mejorar la validez y la pertinencia de la evaluación de la eficacia. Este enfoque participativo no solo empodera a los clientes, sino que también facilita un diálogo colaborativo entre el profesional clínico y la persona que recibe el tratamiento.

Además de los resultados informados por los pacientes, es fundamental considerar los indicadores objetivos de funcionamiento y bienestar. Esto puede incluir mejoras en el funcionamiento social y laboral, una menor dependencia de estrategias de afrontamiento desadaptativas y una mejor calidad de vida. Mediante una observación y documentación minuciosas, los profesionales clínicos pueden obtener una comprensión integral del impacto más amplio de las intervenciones, más allá de la reducción de los síntomas.

Finalmente, las evaluaciones de seguimiento longitudinales son vitales para evaluar la sostenibilidad de los efectos del tratamiento y la prevención de recaídas. Esta perspectiva a largo plazo permite examinar los cambios duraderos en los patrones cognitivos y la regulación emocional, lo que proporciona información valiosa sobre el impacto duradero de las intervenciones en la salud mental de las personas.

8. Enfoques colaborativos con proveedores de atención médica:

La colaboración eficaz entre los profesionales de la salud mental y los profesionales sanitarios es esencial para brindar una atención integral a las personas con distorsiones cognitivas y problemas de salud mental relacionados. Este enfoque colaborativo implica un equipo multidisciplinario de profesionales, que incluye psiquiatras, psicólogos, trabajadores sociales y médicos de atención primaria, que trabajan juntos para abordar las complejas necesidades del paciente.

La comunicación y la coordinación son fundamentales en la atención colaborativa. Una comunicación regular y clara entre los miembros del equipo garantiza que la información relevante sobre el diagnóstico, el plan de tratamiento y el progreso del paciente se comparta eficazmente. Es crucial que los profesionales de la salud tengan acceso a los historiales y evaluaciones de salud mental del paciente para tomar decisiones informadas sobre su atención integral.

Los enfoques colaborativos se centran en el bienestar holístico, reconociendo que las afecciones de salud mental a menudo pueden estar relacionadas con los problemas de salud física. Los medicamentos psiquiátricos pueden interactuar con otros medicamentos recetados, lo que requiere una estrecha supervisión y coordinación entre los profesionales de la salud mental y los médicos de atención primaria para mitigar los posibles riesgos y optimizar los resultados del tratamiento.

En los modelos de atención colaborativa, los profesionales de la salud mantienen conversaciones continuas con profesionales de la salud mental para identificar posibles obstáculos a la adherencia al tratamiento, responder a los síntomas emergentes y realizar ajustes al plan de tratamiento según sea necesario. La integración de la salud conductual en la atención primaria mediante servicios de consulta y enlace permite la detección e intervención tempranas para personas con riesgo de desarrollar distorsiones cognitivas o experimentar problemas de salud mental relacionados.

Los enfoques colaborativos se extienden al apoyo a los pacientes durante las fases de transición de la atención, como el paso de centros psiquiátricos hospitalarios a centros ambulatorios o la transición de la atención pediátrica a la atención para adultos. Esta continuidad de la atención promueve un apoyo continuo y coordinado, lo que reduce la probabilidad de interrupciones en el tratamiento y mejora los resultados a largo plazo para las personas con distorsiones cognitivas.

Las consideraciones éticas son primordiales en la atención colaborativa, garantizando que todos los profesionales respeten la confidencialidad, respeten la autonomía y prioricen el bienestar del paciente. Al colaborar con profesionales de la salud, los profesionales de la salud mental se adhieren a las normas regulatorias y las directrices éticas, manteniendo los límites profesionales mientras trabajan hacia el objetivo común de optimizar la atención al paciente.

9. Consideraciones éticas en las prácticas terapéuticas:

Las directrices éticas sirven como guía para las acciones y decisiones de los profesionales de la salud mental, garantizando el respeto constante por el bienestar y los derechos de los pacientes. En el contexto de las prácticas terapéuticas, es fundamental abordar cuidadosamente diversas consideraciones éticas clave para promover la confianza, el respeto y resultados positivos para los pacientes.

La confidencialidad es uno de los principios éticos fundamentales en la práctica terapéutica. Los profesionales de la salud mental reciben información confidencial de sus clientes, y es crucial mantenerla para crear un entorno terapéutico seguro y de confianza. Comprender los límites de la confidencialidad, incluidas las circunstancias en las que la divulgación puede ser necesaria (como la notificación obligatoria de daños o peligros), es esencial para una práctica ética.

El consentimiento informado es otro aspecto crucial de las prácticas terapéuticas éticas. Antes de comenzar cualquier intervención o tratamiento, los pacientes tienen derecho a ser informados sobre la naturaleza del tratamiento, sus posibles riesgos y beneficios, y las alternativas disponibles. Esto garantiza que las personas tengan la capacidad de tomar decisiones autónomas sobre su atención, contribuyendo así a una relación terapéutica colaborativa y respetuosa.

La competencia y la integridad profesionales son la base de las prácticas terapéuticas éticas. Los profesionales de la salud mental deben poseer los conocimientos, las habilidades y la experiencia necesarios para brindar una atención competente a sus pacientes. Además, están obligados a participar en un desarrollo profesional continuo y a participar únicamente en prácticas que se ajusten a los estándares basados en la evidencia. Mantener la integridad implica ser veraz, evitar conflictos de intereses y adherirse a las normas profesionales de conducta en todo momento.

El principio de beneficencia enfatiza la obligación de los profesionales de la salud mental de actuar en el mejor interés de sus pacientes, procurando maximizar los beneficios y minimizar los daños. Esta consideración ética subraya la importancia de utilizar intervenciones que probablemente produzcan resultados positivos, evitando prácticas que puedan causar angustia o daños innecesarios. De igual manera, el principio de no maleficencia dicta la responsabilidad de los profesionales de no causar daño, enfatizando la necesidad de evaluar cuidadosamente los riesgos potenciales de las intervenciones y esforzarse por hacer todo lo posible para prevenir daños a los pacientes.

La competencia cultural y la sensibilidad son consideraciones éticas fundamentales en las prácticas terapéuticas, especialmente en nuestra sociedad cada vez más diversa. Los profesionales de la salud mental deben reconocer y respetar la influencia de la cultura, la raza, la etnia y otros factores en la salud mental y el bienestar de las personas. Al integrar la competencia cultural en los enfoques terapéuticos, los profesionales pueden garantizar que las intervenciones sean respetuosas, inclusivas y pertinentes a los orígenes culturales y sistemas de creencias particulares de los pacientes.

Mantener límites éticos en las relaciones terapéuticas también es crucial. Establecer límites y roles claros, como mantener una conducta profesional, evitar relaciones duales y establecer normas de comunicación adecuadas, fomenta un entorno terapéutico seguro y saludable. Además, las consideraciones éticas se extienden a cuestiones como los honorarios, la responsabilidad profesional y los límites de competencia, todos ellos esenciales para garantizar la profesionalidad y la integridad de las prácticas terapéuticas.

En definitiva, la adhesión a las consideraciones éticas en las prácticas terapéuticas no solo defiende la dignidad y los derechos de los pacientes, sino que también contribuye al progreso continuo y la credibilidad de la profesión de la salud mental en su conjunto. Al priorizar continuamente los principios éticos, los profesionales de la salud mental pueden fomentar un clima de confianza, seguridad y respeto, sentando las bases para experiencias terapéuticas significativas y eficaces para quienes buscan apoyo para su bienestar mental y emocional.

Implicaciones a largo plazo para los resultados de salud mental

1. Introducción a los efectos duraderos de la distorsión cognitiva:

Los efectos duraderos de las distorsiones cognitivas abarcan un amplio espectro de consecuencias psicológicas y conductuales. Estas distorsiones pueden contribuir al desarrollo y la perpetuación de diversas afecciones de salud mental, como trastornos de ansiedad, depresión y otros trastornos del estado de ánimo. Además, las personas que experimentan distorsiones cognitivas también pueden presentar mecanismos de afrontamiento deteriorados, conductas desadaptativas y dificultades interpersonales durante un período prolongado.

Los efectos persistentes de las distorsiones cognitivas trascienden el ámbito individual y pueden afectar el funcionamiento social y laboral. Las investigaciones sugieren que las personas que padecen distorsiones cognitivas persistentes pueden tener dificultades para mantener relaciones saludables, alcanzar sus metas educativas o profesionales y participar en actividades comunitarias. Por lo tanto, los efectos persistentes de las distorsiones cognitivas tienen implicaciones de gran alcance que requieren una cuidadosa consideración e intervención.

Examinar los efectos duraderos de las distorsiones cognitivas también implica explorar su influencia en aspectos clave del funcionamiento diario. Las personas afectadas por distorsiones cognitivas pueden experimentar alteraciones en su atención, concentración y toma de decisiones, lo que en última instancia afecta su capacidad para participar eficazmente en sus actividades personales y profesionales. Además, las distorsiones cognitivas pueden minar la autoestima, la autoeficacia y la resiliencia de las personas, disminuyendo su capacidad para gestionar los desafíos y los contratiempos de forma constructiva.

Es fundamental reconocer que los efectos duraderos de las distorsiones cognitivas no son inmutables. Mediante intervenciones específicas, como la terapia cognitivo-conductual y los enfoques basados en la atención plena, los profesionales de la salud mental pueden ayudar a las personas a aliviar el impacto arraigado de las distorsiones cognitivas y fomentar patrones de pensamiento y comportamientos adaptativos. Además, la sensibilización y la psicoeducación sobre los efectos duraderos de las distorsiones cognitivas en las comunidades y redes de apoyo pueden facilitar el reconocimiento temprano y la intervención oportuna, promoviendo así el bienestar mental a largo plazo.

2. Indicadores de salud mental de referencia:

La evaluación de los indicadores de salud mental basal implica la evaluación integral de diversos factores psicológicos, emocionales y conductuales para establecer un punto de partida y evaluar los cambios a lo largo del tiempo. A menudo comienza con una revisión exhaustiva del historial de salud mental del individuo, incluyendo diagnósticos, tratamientos y experiencias personales previas. Además, se utilizan herramientas y medidas de evaluación estandarizadas, como entrevistas estructuradas y cuestionarios validados, para recopilar datos cuantitativos y cualitativos sobre el estado mental actual del individuo. Estas evaluaciones proporcionan información valiosa sobre la presencia y la gravedad de los síntomas relacionados con distorsiones cognitivas, incluyendo patrones de pensamiento negativo, conductas desadaptativas y alteraciones en la regulación emocional. Asimismo, las evaluaciones basales también abarcan una exploración de la red de apoyo social del individuo, sus estrategias de afrontamiento y su calidad de vida en general. Al considerar estas dimensiones multifacéticas, los profesionales clínicos pueden obtener una comprensión holística del estado de salud mental del individuo en un momento específico. Al evaluar los indicadores de salud mental de referencia, es fundamental considerar posibles variables de confusión, como comorbilidades, factores ambientales estresantes y factores socioeconómicos, que pueden influir en el bienestar psicológico del individuo. La integración de perspectivas interdisciplinarias, como la psiquiatría, la psicología y el trabajo social, garantiza una evaluación integral que considera la compleja interacción de los determinantes biológicos, psicológicos y sociales de la salud mental. Además, el uso de enfoques de evaluación culturalmente sensibles y específicos del contexto es fundamental para reconocer y respetar la diversidad de las experiencias humanas. Mediante esta evaluación matizada, los profesionales pueden identificar áreas de fortaleza y resiliencia en el individuo, así como áreas de vulnerabilidad y posible deterioro. Este conocimiento sienta las bases para monitorear y medir los cambios en los resultados de salud mental a lo largo del tiempo, orientar el desarrollo de intervenciones personalizadas y facilitar la toma de decisiones colaborativa con el individuo para promover su bienestar y recuperación a largo plazo.

3. Impactos en la función cognitiva a lo largo del tiempo:

Los estudios han demostrado sistemáticamente que las personas con distorsiones cognitivas son más propensas a experimentar dificultades en diversas áreas cognitivas. Una de las áreas clave afectadas es la memoria. El pensamiento negativo persistente y la rumiación pueden dificultar la codificación y recuperación de la memoria, lo que reduce la flexibilidad y la eficiencia cognitivas. Además, las distorsiones cognitivas pueden obstaculizar funciones ejecutivas como la resolución de problemas, la toma de decisiones y la regulación de la atención, lo que influye en el rendimiento cognitivo general. Asimismo, la activación crónica de patrones de pensamiento distorsionados puede contribuir a una disminución de la agilidad mental y la adaptabilidad, dificultando que las personas afronten situaciones nuevas o inciertas. Con el tiempo, estos deterioros cognitivos pueden afectar la capacidad de una persona para participar en actividades productivas y satisfactorias, lo que en última instancia afecta su calidad de vida en general. Es fundamental reconocer las consecuencias a largo plazo de las distorsiones cognitivas en la función cognitiva y enfatizar la importancia de la intervención temprana y el apoyo continuo para mitigar estos efectos perjudiciales.

4. Consecuencias conductuales y emocionales:

Al examinar las consecuencias conductuales, se hace evidente que las distorsiones cognitivas pueden influir significativamente en la toma de decisiones de una persona, lo que a menudo conduce a conductas desadaptativas. Estos patrones de pensamiento distorsionados pueden resultar en conductas de evitación, autoaislamiento o incluso acciones impulsivas perjudiciales para el bienestar. Además, los patrones de pensamiento negativos recurrentes asociados con las distorsiones cognitivas podrían exacerbar la probabilidad de recurrir a mecanismos de afrontamiento perjudiciales, como el abuso de sustancias o la conducta agresiva.

Las ramificaciones emocionales de las distorsiones cognitivas son innegables. El pensamiento negativo persistente puede contribuir al desarrollo de sentimientos persistentes de tristeza, desesperanza e inutilidad. Estas emociones pueden manifestarse además como un aumento de la ansiedad, irritabilidad o una sensación generalizada de desesperación. La influencia prolongada de las distorsiones cognitivas en los estados emocionales también puede afectar la capacidad de una persona para experimentar alegría, entablar relaciones significativas y mantener una actitud positiva ante la vida.

Es importante destacar que estas consecuencias conductuales y emocionales pueden arraigarse con el tiempo, reforzando y perpetuando el ciclo de distorsiones cognitivas. Pueden conducir a una menor calidad de vida, un funcionamiento social deficiente y un bienestar mental comprometido. Es crucial que los profesionales de la salud mental y las propias personas reconozcan y aborden estas consecuencias de forma proactiva.

Identificar, comprender y gestionar eficazmente las repercusiones conductuales y emocionales de las distorsiones cognitivas es fundamental para promover la recuperación holística y fomentar la resiliencia. Al reconocer la conexión entre los pensamientos, las emociones y las conductas distorsionadas, las personas pueden desarrollar estrategias de afrontamiento, buscar el apoyo adecuado y, en última instancia, trabajar para recuperar el control de sus vidas.

5. Estudios longitudinales y hallazgos:

Los estudios longitudinales son esenciales para desentrañar el entramado de las distorsiones cognitivas, ofreciendo información valiosa sobre cómo estos patrones de pensamiento distorsionados evolucionan con el tiempo y sus impactos posteriores en el bienestar mental de una persona. Estos estudios longitudinales suelen abarcar años o incluso décadas, lo que permite a los investigadores observar la trayectoria de las distorsiones cognitivas y su correlación con diversos resultados de salud mental. Estas investigaciones exhaustivas proporcionan una comprensión integral de la persistencia y fluctuación de las distorsiones cognitivas, arrojando luz sobre su influencia en los estados psicológicos de las personas.

Un aspecto fundamental, arrojado luz sobre los estudios longitudinales, es la identificación de posibles trayectorias de distorsiones cognitivas y su asociación con trastornos específicos de salud mental. Mediante una meticulosa recopilación y análisis de datos, los investigadores han discernido distintas vías de distorsiones cognitivas, que abarcan desde patrones relativamente estables hasta aquellos caracterizados por fluctuaciones y exacerbaciones. Estos hallazgos contribuyen al desarrollo de estrategias de intervención personalizadas que atienden las particularidades de cada trayectoria, promoviendo así enfoques terapéuticos más eficaces y personalizados.

Los estudios longitudinales permiten explorar la interacción entre las distorsiones cognitivas y otras variables psicosociales, revelando relaciones complejas que se desarrollan a lo largo de períodos prolongados. Al examinar cómo las distorsiones cognitivas interactúan con factores como el apoyo social, los acontecimientos vitales y los mecanismos de afrontamiento, los investigadores pueden determinar las influencias acumulativas o atenuantes que determinan la salud mental a largo plazo de las personas.

Estas investigaciones exhaustivas permiten identificar puntos de inflexión críticos o eventos cruciales que pueden afectar significativamente el curso de las distorsiones cognitivas y, posteriormente, las trayectorias de salud mental. Ya sea la aparición de un factor estresante, la implementación de una intervención terapéutica o la ocurrencia de una transición vital importante, los estudios longitudinales revelan la naturaleza dinámica de las distorsiones cognitivas y los factores cruciales que configuran sus vías de desarrollo.

Las revelaciones derivadas de estudios longitudinales no solo contribuyen al perfeccionamiento de los modelos teóricos existentes, sino que también impulsan el desarrollo de modelos predictivos que pronostican resultados de salud mental a largo plazo basándose en la trayectoria de las distorsiones cognitivas. Estos modelos predictivos constituyen herramientas invaluables en la práctica clínica, permitiendo a los profesionales de la salud mental anticipar y prevenir resultados adversos, así como adaptar las intervenciones según las trayectorias proyectadas de las distorsiones cognitivas.

6. Factores de riesgo y modelos predictivos:

El análisis de los factores de riesgo y el desarrollo de modelos predictivos ha sido un área crucial de investigación para comprender las implicaciones a largo plazo de las distorsiones cognitivas en los resultados de salud mental. Al identificar las variables y condiciones específicas que aumentan la probabilidad de efectos negativos prolongados, los profesionales de la salud mental pueden adaptar mejor las intervenciones y las estrategias preventivas.

Numerosos estudios han descrito diversos factores de riesgo asociados con distorsiones cognitivas persistentes, entre ellos, la adversidad en la primera infancia, la exposición a traumas, los antecedentes familiares de enfermedades mentales, las disparidades socioeconómicas, el estrés crónico y la falta de apoyo social. Estos factores contribuyen significativamente al mantenimiento y la exacerbación de patrones de pensamiento distorsionados a lo largo del tiempo.

Además de identificar los factores de riesgo individuales, la construcción de modelos predictivos ha desempeñado un papel fundamental en la anticipación de las trayectorias de los resultados en salud mental. La integración de variables demográficas, psicológicas y ambientales en estos modelos ha permitido el desarrollo de algoritmos que ofrecen información sobre las posibles consecuencias a largo plazo de las distorsiones cognitivas no tratadas. Al aprovechar métodos estadísticos avanzados como el aprendizaje automático y el análisis longitudinal de datos, estos modelos proporcionan información valiosa para la intervención temprana y la asignación de recursos.

Los investigadores han profundizado en la investigación de la interacción entre los factores de riesgo y los factores de protección, reconociendo la compleja interrelación entre la vulnerabilidad y la resiliencia. Comprender cómo los factores de protección, como los mecanismos de afrontamiento, las redes de apoyo social y el acceso a los servicios de salud mental, pueden mitigar el impacto de los factores de riesgo es fundamental para desarrollar enfoques específicos y holísticos para el manejo de la salud mental a largo plazo.

A medida que perfeccionamos nuestra comprensión de los factores de riesgo y los modelos predictivos, es fundamental reconocer la interseccionalidad de estas influencias en diversas poblaciones. Las variaciones culturales, étnicas y contextuales pueden influir en la manifestación y persistencia de las distorsiones cognitivas, lo que requiere enfoques culturalmente sensibles e inclusivos para la evaluación y predicción de riesgos.

LOS ESQUEMAS Y LOS PATRONES DEPRESIVOS

Fundamentos teóricos y orígenes de la teoría de esquemas

1. Teorías fundamentales en psicología cognitiva:

A principios del siglo XX se produjo un cambio fundamental en el discurso psicológico, alejándose del conductismo y acercándose a la exploración de los procesos mentales internos. Este cambio paradigmático sentó las bases para las teorías fundamentales de la psicología cognitiva, sentando las bases para la posterior conceptualización de los esquemas como estructuras cognitivas vitales.

La psicología cognitiva ha desempeñado un papel fundamental en la formación de nuestra comprensión de la cognición y el comportamiento humanos. Desde mediados del siglo XX, este campo ha presenciado el surgimiento de teorías influyentes que han contribuido significativamente al desarrollo de la teoría de esquemas. Una de estas teorías fundamentales es la influyente obra de Jean Piaget, cuya investigación pionera sobre el desarrollo cognitivo sentó las bases para comprender cómo los individuos adquieren y organizan la información. El enfoque constructivista de Piaget enfatizó el papel activo de los individuos en la construcción de su comprensión del mundo, allanando así el camino para la noción de marcos mentales o esquemas.

Otro pilar de la psicología cognitiva es el enfoque del procesamiento de la información, que considera la mente como un sistema complejo de procesamiento de información similar a una computadora. Este marco teórico, impulsado por investigadores como George Miller y Ulric Neisser, dilucidó cómo los individuos codifican, procesan, almacenan y recuperan información. Cabe destacar que esta perspectiva subraya la importancia de las estructuras y los procesos cognitivos, en estrecha consonancia con el concepto de esquemas como unidades fundamentales de conocimiento que influyen en la percepción y la interpretación.

La teoría sociocognitiva, propuesta por Albert Bandura, aportó una perspectiva sociocognitiva a la comprensión del comportamiento humano. El énfasis de Bandura en el aprendizaje observacional, la autoeficacia y la interacción recíproca entre los individuos y su entorno enriqueció aún más la conceptualización de los procesos cognitivos, subrayando el papel de los esquemas en la mediación del aprendizaje social y las conductas adaptativas.

Igualmente trascendental es la obra de Lev Vygotsky, cuya teoría sociocultural arrojó luz sobre la interacción dinámica entre las influencias culturales y el desarrollo cognitivo. La zona de desarrollo próximo de Vygotsky y el concepto de andamiaje subrayaron el papel de las interacciones sociales y las herramientas culturales en la configuración de los procesos cognitivos, acentuando la interconexión de los esquemas individuales con factores socioculturales externos.

Finalmente, los trabajos pioneros de psicólogos cognitivos como Jerome Bruner y Ulric Neisser han influido significativamente en la formación y evolución de la teoría de esquemas. La teoría constructivista de Bruner y el concepto de andamiaje cognitivo han aportado valiosas perspectivas sobre cómo los individuos construyen activamente su comprensión a través de la interacción con su entorno, mientras que las contribuciones fundamentales de Neisser a la psicología ecológica han subrayado la importancia del contexto ambiental en la configuración de las representaciones cognitivas y los marcos mentales. Estas teorías fundamentales de la psicología cognitiva sientan las bases para una exploración profunda de la teoría de esquemas, conectando los procesos cognitivos con la construcción de estructuras cognitivas internalizadas.

2. Colaboradores influyentes y obras clave:

La evolución y consolidación de la teoría de esquemas en el ámbito de la investigación psicológica se han visto significativamente influenciadas por las contribuciones de varias figuras influyentes y sus obras seminales. Como se mencionó anteriormente, una figura clave en este ámbito es Aaron Beck, cuyo trabajo pionero en terapia cognitiva sentó las bases para la identificación y exploración de esquemas disfuncionales en personas con depresión y otros trastornos psicológicos. El desarrollo del concepto de esquemas cognitivos por parte de Beck proporcionó un puente fundamental entre la cognición y el afecto, ofreciendo una nueva perspectiva para comprender y abordar los patrones de pensamiento desadaptativos.

Por otro lado, los prolíficos escritos de Jeffrey Young han desempeñado un papel fundamental en la elaboración de la arquitectura de los esquemas desadaptativos tempranos y su influencia en las respuestas emocionales y conductuales. La delimitación por parte de Young de los distintos dominios y modos de esquema ha enriquecido enormemente las intervenciones terapéuticas dirigidas a estas estructuras cognitivas profundamente arraigadas. Su colaboración en la formulación del enfoque de la Terapia de Esquemas ha obtenido un amplio reconocimiento y adopción en la práctica clínica, impulsando un cambio de paradigma en el tratamiento de los trastornos de la personalidad y las enfermedades mentales crónicas.

Otra figura destacada en este campo, Arnold A. Lazarus, contribuyó significativamente a la integración de los principios psicoanalíticos con las técnicas de orientación cognitiva, allanando así el camino para un modelo integrador que reconoce la naturaleza multifacética de la experiencia humana. Al enfatizar la interacción entre las experiencias tempranas y los procesos cognitivos actuales, Lazarus destacó la relevancia de los esquemas en la perpetuación de los conflictos intrapsíquicos y los mecanismos de afrontamiento desadaptativos. Su obra refleja una fusión armoniosa de reestructuración cognitiva y exploración psicodinámica, reflejando la armonía observada en el ámbito de la teoría de esquemas.

Además, la innovadora investigación de Marsha M. Linehan merece reconocimiento por su impacto transformador en las intervenciones centradas en esquemas, en particular en el contexto del trastorno límite de la personalidad. La terapia dialéctica conductual (TDC) de Linehan ha dilucidado los profundos vínculos entre la desregulación emocional y las vulnerabilidades relacionadas con los esquemas, describiendo estrategias innovadoras para promover la resiliencia emocional y el funcionamiento adaptativo en personas que lidian con esquemas desadaptativos generalizados. Su exhaustiva elucidación de la cosmovisión dialéctica ha fundamentado el manejo compasivo y pragmático del trauma complejo del desarrollo y el malestar emocional crónico.

3. La intersección de la teoría de esquemas y el psicoanálisis:

La convergencia de la teoría de esquemas y el psicoanálisis ha generado un profundo debate académico, enriqueciendo nuestra comprensión de los fundamentos de la experiencia humana. La obra pionera de Sigmund Freud constituye una piedra angular para la integración de los principios psicoanalíticos en la teoría de esquemas. El énfasis en los procesos inconscientes, las experiencias de la primera infancia y el impacto de los traumas pasados se alinea estrechamente con el dominio de los esquemas desadaptativos y sus orígenes. Además, la incorporación de mecanismos de defensa dentro de los marcos psicoanalíticos resuena con la noción de distorsiones cognitivas, arrojando luz sobre las estrategias de afrontamiento adaptativas y desadaptativas. Asimismo, mientras que el psicoanálisis se centra tradicionalmente en los conflictos intrapsíquicos, la teoría de esquemas amplía esta perspectiva al examinar la interacción entre los esquemas internos y los desencadenantes externos en la configuración de las respuestas emocionales y cognitivas de un individuo. Esta amalgama subraya la naturaleza complementaria de estos constructos para dilucidar la naturaleza multifacética de la psicopatología. Simultáneamente, la relación simbiótica entre la teoría de esquemas y el psicoanálisis cataliza innovaciones terapéuticas, impulsando la evolución de enfoques integrativos que fusionan técnicas de reestructuración cognitiva con intervenciones orientadas al insight. Por lo tanto, la interconexión de estos marcos teóricos allana el camino para modalidades de tratamiento integrales que abordan holísticamente la complejidad del panorama psicológico individual.

4. Teoría de esquemas dentro de los marcos conductuales:

La psicología conductual, más conocida como conductismo, postula que las conductas se aprenden mediante el condicionamiento y que los factores ambientales son determinantes significativos de los procesos cognitivos y emocionales de un individuo. Esta premisa fundamental constituye el contexto para analizar cómo la teoría de esquemas se entrelaza con los paradigmas conductuales. Al examinar la teoría de esquemas dentro de los marcos conductuales, se encuentra el influyente trabajo de conductistas prominentes como BF Skinner y Albert Bandura. Skinner, defensor del condicionamiento operante, exploró cómo los mecanismos de refuerzo y castigo contribuyen a la formación y perpetuación de las estructuras cognitivas. Su énfasis en las conductas observables y las contingencias ambientales proporciona un contexto adecuado para examinar la adquisición y el mantenimiento de esquemas dentro de la psicología conductual. Además, la teoría del aprendizaje social de Bandura subraya la importancia del aprendizaje observacional y el modelado en el desarrollo de esquemas. Al examinar la interacción entre los esquemas cognitivos y las manifestaciones conductuales, la investigación de Bandura abre caminos para explorar la relación bidireccional entre los procesos cognitivos y las experiencias externas.

La aplicación de experimentos conductuales para dilucidar la activación y modificación de esquemas enriquece nuestra comprensión de los fundamentos conductuales de la teoría de esquemas. Los experimentos conductuales ofrecen un enfoque metodológico para investigar cómo estímulos y respuestas específicos influyen en las cogniciones y los estados emocionales relacionados con los esquemas. Estos experimentos no solo contribuyen a la comprensión de los principios fundamentales de la psicología conductual, sino que también arrojan luz sobre las formas sutiles en que los individuos asimilan y adaptan esquemas basados en señales ambientales y patrones de comportamiento. Profundizar en el ámbito de los marcos conductuales también implica un examen exhaustivo de las intervenciones conductuales dirigidas a esquemas desadaptativos. Las terapias cognitivo-conductuales, basadas en principios conductuales, han demostrado eficacia para abordar esquemas disfuncionales mediante intervenciones estructuradas que se centran en la modificación de conductas y cogniciones. Explorar estas modalidades terapéuticas en el marco de la teoría de esquemas enriquece nuestra comprensión de cómo se pueden aprovechar los mecanismos conductuales para reestructurar patrones de pensamiento desadaptativos.

5. Críticas y controversias en los primeros desarrollos:

A medida que la teoría de esquemas cobraba fuerza en el campo de la psicología, también se enfrentó a diversas críticas y controversias, lo que ofreció valiosas perspectivas sobre sus primeros desarrollos. Una de las principales críticas se centró en la naturaleza subjetiva de la formación y activación de esquemas, y los escépticos cuestionaron la universalidad y generalización de los modelos de esquemas en diversas poblaciones. Además, surgieron preocupaciones sobre la posible simplificación excesiva de procesos cognitivos complejos dentro del marco existente, lo que planteó dudas sobre la naturaleza integral de la teoría de esquemas. Además, las implicaciones deterministas de las primeras teorías de esquemas se sometieron a escrutinio, ya que los críticos argumentaron que estas perspectivas podrían pasar por alto la agencia y la variabilidad individuales, lo que podría socavar los matices de la cognición humana.

También surgieron controversias en torno a la validación empírica de esquemas, lo que generó debates sobre la fiabilidad y validez de las medidas utilizadas para evaluar los constructos de esquemas. Los escépticos destacaron las dificultades asociadas con la captura de las facetas multidimensionales de los esquemas mediante metodologías de investigación tradicionales, instando a un enfoque más matizado en las investigaciones empíricas. Además, surgieron consideraciones éticas sobre la posible estigmatización de las personas con base en categorías de esquemas predefinidas, lo que puso de relieve la necesidad de sensibilidad y rigor ético en los estudios relacionados con esquemas.

En medio de estas críticas y controversias, se desarrolló la teoría de esquemas, lo que impulsó a los académicos a recalibrar sus enfoques y a refinar sus fundamentos conceptuales. Estos debates iniciales catalizaron un cambio hacia marcos integradores que reconocían la complejidad y las diferencias individuales en el desarrollo y la activación de esquemas. El dinamismo inherente a los procesos cognitivos recibió mayor atención, orientando el campo hacia conceptualizaciones más holísticas e inclusivas de los esquemas. Además, el énfasis en el rigor empírico condujo a avances metodológicos que buscaban captar la interacción dinámica entre los procesos cognitivos y las influencias ambientales, enriqueciendo el panorama empírico de la investigación de esquemas.

6. Surgimiento de estudios empíricos sobre esquemas:

Con el desarrollo de la teoría de esquemas en psicología, la aparición de estudios empíricos marcó un cambio fundamental en la comprensión y validación de los constructos teóricos. Las investigaciones empíricas se centraron en explorar los procesos cognitivos y las manifestaciones conductuales asociadas a los esquemas en diversas poblaciones y presentaciones clínicas. Estos estudios buscaron aportar evidencia rigurosa de la existencia de esquemas desadaptativos, sus mecanismos subyacentes y sus implicaciones para la salud mental y el bienestar.

Investigadores pioneros en este campo reconocieron la necesidad de superar la brecha entre la conjetura teórica y la validación empírica. Sus esfuerzos condujeron a la formulación de metodologías sistemáticas para medir y evaluar esquemas, sentando las bases para una sólida base empírica. Mediante una combinación de instrumentos de encuesta, entrevistas clínicas y paradigmas experimentales, los investigadores se esforzaron por captar los matices de la activación, el mantenimiento y la modificación de esquemas en diversos contextos.

Los estudios empíricos no solo confirmaron la presencia de esquemas desadaptativos en personas con depresión, ansiedad y trastornos de la personalidad, sino que también arrojaron luz sobre la interacción entre los esquemas cognitivos y la regulación emocional. Estas investigaciones proporcionaron información invaluable sobre los componentes cognitivo-afectivos de los esquemas, dilucidando cómo los esquemas disfuncionales contribuyen a la perpetuación del afecto negativo y el malestar psicológico. Además, la investigación empírica profundizó en las trayectorias de desarrollo de los esquemas, revelando sus orígenes en las experiencias de la infancia y su influencia en el funcionamiento adulto.

La aparición de estudios empíricos sobre esquemas también facilitó la identificación de distorsiones cognitivas específicas asociadas con esquemas desadaptativos. Al discernir los sesgos cognitivos y las creencias irracionales que sustentan los esquemas disfuncionales, los investigadores pudieron delinear intervenciones específicas para reestructurar los procesos cognitivos y aliviar los síntomas psicológicos. Además, los hallazgos empíricos subrayaron la naturaleza dinámica de los esquemas, destacando su susceptibilidad a la modificación mediante intervenciones terapéuticas y técnicas de reestructuración cognitiva.

Los estudios empíricos generaron una mayor comprensión de las dimensiones relacionales e interpersonales de los esquemas, revelando cómo los patrones relacionales tempranos y los estilos de apego configuran el repertorio de esquemas de los individuos. Estos estudios arrojaron luz sobre la influencia recíproca entre las experiencias interpersonales y la formación de esquemas cognitivos, ofreciendo implicaciones para las terapias relacionales y las intervenciones sistémicas en el marco clínico.

Con el auge de los estudios empíricos, no solo validaron los principios de la teoría de esquemas, sino que también catalizaron su integración en la práctica basada en la evidencia. La validación empírica de los esquemas como constructos transdiagnósticos relevantes en diversas manifestaciones psicológicas fomentó la colaboración interdisciplinaria y enriqueció el repertorio de intervenciones dirigidas a los esquemas cognitivos en el ámbito de la psicología clínica y la psicoterapia.

7. El papel de la neurociencia en la comprensión de los orígenes de los esquemas:

La neurociencia ha avanzado significativamente nuestra comprensión del origen de los esquemas, arrojando luz sobre las bases neuronales de los procesos cognitivos que contribuyen a su formación. La investigación en este campo ha revelado conexiones complejas entre las estructuras cerebrales y el desarrollo, mantenimiento y activación de esquemas. La base neuronal de la formación de esquemas reside en la plasticidad cerebral, en particular en las regiones asociadas con la memoria, la regulación emocional y el procesamiento cognitivo.

Estudios que utilizan técnicas de neuroimagen, como la resonancia magnética funcional, han aportado información valiosa sobre la participación de las diferentes regiones cerebrales en la codificación, el almacenamiento y la recuperación de información relevante para las experiencias relacionadas con los esquemas. Por ejemplo, el hipocampo, una estructura crucial para la consolidación de la memoria, se ha implicado en la formación de esquemas al integrar nueva información en los marcos cognitivos existentes. Además, la amígdala, conocida por su papel en el procesamiento emocional, se ha vinculado a la formación y modulación de esquemas cargados de afecto, lo que pone de relieve la interrelación de los elementos cognitivos y emocionales en el desarrollo de esquemas.

Los avances en neurociencia también han dilucidado el impacto de las experiencias tempranas en el desarrollo cerebral y la posterior formación de esquemas. Se ha demostrado que las experiencias adversas en la infancia, los traumas y el estrés crónico ejercen efectos duraderos en la conectividad estructural y funcional de los circuitos neuronales involucrados en el procesamiento de esquemas. Estas alteraciones pueden manifestarse como una mayor reactividad a los desencadenantes relacionados con los esquemas y patrones cognitivos desadaptativos en la edad adulta, lo que subraya la interacción entre los factores neurobiológicos y la génesis de esquemas disfuncionales.

Las investigaciones que exploran los sustratos neuroquímicos de los procesos relacionados con los esquemas han puesto de relieve la influencia de neurotransmisores como la dopamina, la serotonina y la noradrenalina en la modulación de los esquemas cognitivos y su valencia emocional asociada. La desregulación de estos sistemas de neurotransmisores se ha relacionado con la perturbación del procesamiento de esquemas, lo que contribuye a la persistencia de esquemas negativos o distorsionados característicos de los estados depresivos.

El floreciente campo de la epigenética ha revelado los mecanismos moleculares mediante los cuales los factores ambientales pueden dejar huellas duraderas en la expresión génica, influyendo potencialmente en la predisposición a ciertos patrones de esquemas. Esta intersección de la genética, la neurobiología y las influencias ambientales ofrece un marco integral para comprender los orígenes multifacéticos de los esquemas, lo que enfatiza la necesidad de un enfoque integrador que abarque factores biológicos, psicológicos y ambientales.

Mecanismos de activación de esquemas en estados depresivos

1. Correlatos neurobiológicos de la activación del esquema:

La investigación sobre los correlatos neurobiológicos de la activación de esquemas en estados depresivos ha revelado conexiones intrigantes entre la función cerebral y los procesos psicológicos. Los estudios de neuroimagen han proporcionado información valiosa sobre los fundamentos neuronales que explican cómo se desencadenan y perpetúan los esquemas desadaptativos en personas con depresión. Un enfoque clave de la investigación ha sido la participación del sistema límbico, en particular la amígdala, en la activación de esquemas negativos. El papel de la amígdala en el procesamiento de las emociones y la modulación de las respuestas al estrés y a los estímulos de amenaza la implica como una estructura fundamental en el proceso de activación de esquemas. Además, el funcionamiento aberrante de la corteza prefrontal, que rige el control cognitivo y la regulación emocional, se ha vinculado a una mayor reactividad a los desencadenantes relacionados con los esquemas en personas con depresión. Esta interacción disfuncional entre la amígdala y la corteza prefrontal arroja luz sobre la base neurobiológica de cómo ciertas señales ambientales o internas provocan la activación de esquemas desadaptativos en estados depresivos. Además, estudios han identificado alteraciones en las vías de neurotransmisión dopaminérgica y serotoninérgica que influyen en la relevancia y la importancia emocional atribuidas a los estímulos relacionados con los esquemas. Estos mecanismos neuroquímicos contribuyen a la amplificación de los procesos de activación de esquemas y subrayan la interacción entre la neurobiología y el distrés psicológico. Investigaciones paralelas sobre el impacto del estrés crónico en la neuroplasticidad han revelado cómo la exposición prolongada a factores estresantes puede generar cambios estructurales y funcionales en las regiones cerebrales asociadas con el procesamiento emocional y la consolidación de la memoria, lo que aumenta la susceptibilidad a la activación recurrente de esquemas en la depresión. Comprender los fundamentos neurobiológicos de la activación de esquemas no solo enriquece nuestra comprensión de la etiología de los trastornos depresivos, sino que también tiene profundas implicaciones para el desarrollo de intervenciones específicas. Al dilucidar los circuitos neuronales implicados en la activación de esquemas, se pueden diseñar nuevas estrategias terapéuticas para modular estas vías y mitigar la intensidad y frecuencia de la recuperación desadaptativa de esquemas, ofreciendo una nueva esperanza a las personas que lidian con los efectos debilitantes de la depresión.

2. Desencadenantes cognitivos y patrones de pensamiento automático:

Los desencadenantes cognitivos y los patrones de pensamiento automático desempeñan un papel fundamental en la activación de esquemas desadaptativos asociados a estados depresivos. Estos desencadenantes pueden provenir de diversos procesos cognitivos, como la atención selectiva, los sesgos de memoria y los estilos interpretativos. Cuando las personas con depresión se enfrentan a situaciones que repercuten en sus esquemas negativos profundamente arraigados, los desencadenantes cognitivos activan patrones de pensamiento automático que perpetúan y refuerzan estas creencias desadaptativas. Por lo tanto, resulta esencial profundizar en la interacción entre la cognición y el procesamiento emocional en el contexto de la activación de esquemas.

La atención selectiva, un desencadenante cognitivo, influye en cómo las personas se centran en la información congruente con sus esquemas preexistentes, mientras que ignoran o distorsionan la evidencia contradictoria. Esta visión de túnel refuerza aún más el sesgo cognitivo negativo inherente a sus esquemas, fomentando un patrón cíclico de reforzamiento de pensamientos negativos. Los sesgos de memoria, por otro lado, contribuyen a la rememoración e interpretación distorsionadas de eventos pasados, alineándolos con los esquemas desadaptativos del individuo, manteniendo así su visión negativa del mundo. Además, los estilos interpretativos, como la sobregeneralización, el catastrofismo y la personalización, sirven como patrones de pensamiento automáticos que inducen un razonamiento distorsionado y conducen a un mayor malestar emocional. Es a través de estos desencadenantes cognitivos y patrones de pensamiento automáticos que los esquemas desadaptativos se activan vigorosamente en los estados depresivos.

Reconocer y comprender estos desencadenantes cognitivos y patrones de pensamiento automático tiene implicaciones significativas para las intervenciones terapéuticas. Al abordar estos mecanismos, los enfoques cognitivo-conductuales pueden ayudar a las personas a identificar, desafiar y modificar sus patrones de pensamiento automático, interrumpiendo así el ciclo de activación de esquemas y reduciendo la intensidad de los síntomas depresivos. Mediante técnicas de reestructuración cognitiva y defusión cognitiva dirigidas, las personas pueden aprender a reevaluar sus desencadenantes cognitivos y gestionarlos de forma más adaptativa, mitigando así el impacto de los esquemas desadaptativos.

3. Papel de las respuestas emocionales en la activación de esquemas:

Las emociones desempeñan un papel crucial en la activación de esquemas desadaptativos en personas que experimentan estados depresivos. Estas respuestas emocionales a menudo actúan como potentes desencadenantes, desencadenando una cascada de patrones cognitivos y conductuales estrechamente vinculados con los esquemas profundamente arraigados del individuo. Comprender la interacción entre las emociones y la activación de esquemas es fundamental para comprender las vulnerabilidades asociadas con la depresión. Cuando una persona se enfrenta a situaciones o estímulos con alta carga emocional, sus respuestas afectivas pueden actuar como catalizadores de la activación de esquemas. Por ejemplo, sentimientos de incompetencia o inutilidad pueden desencadenarse por eventos aparentemente inocuos, lo que lleva a un rápido reforzamiento de esquemas personales negativos. Además, estados emocionales intensos, como la tristeza, la desesperación o la desesperanza, pueden aumentar la accesibilidad y la relevancia de los esquemas desadaptativos, perpetuando aún más el ciclo de cogniciones y conductas depresivas. Es esencial reconocer que las respuestas emocionales no ocurren de forma aislada, sino que están inextricablemente entrelazadas con los procesos cognitivos del individuo. Esta relación simbiótica entre emociones y cognición subraya el profundo impacto de las respuestas emocionales en la perpetuación de la activación de esquemas. Además, las respuestas emocionales pueden influir significativamente en el enfoque atencional, la recuperación de la memoria y la interpretación de eventos en curso de un individuo, exacerbando así la influencia de esquemas desadaptativos. El vínculo entre las emociones y la activación de esquemas se extiende más allá de la dinámica intrapersonal y abarca también las interacciones interpersonales. Las respuestas emocionales provocadas en contextos sociales pueden servir como potentes desencadenantes para la activación de esquemas, particularmente en presencia de crítica, rechazo o invalidación percibidos. Estas experiencias emocionales interpersonales pueden reforzar esquemas relacionales negativos y aumentar la vulnerabilidad del individuo a episodios depresivos. Además, la naturaleza generalizada de las respuestas emocionales en varios dominios de la vida implica su impacto sustancial en la activación de esquemas. Ya sea en entornos familiares, laborales o sociales, las experiencias emocionales moldean intrínsecamente los patrones cognitivo-afectivos que sustentan la activación de esquemas en estados depresivos. Reconocer el papel fundamental de las respuestas emocionales en la activación de esquemas subraya el imperativo de realizar intervenciones terapéuticas integrales que aborden tanto la reestructuración cognitiva como las estrategias de regulación emocional para mitigar eficazmente el impacto de los esquemas desadaptativos en la depresión.

4. Contribuyentes ambientales y situacionales:

Los entornos físicos y sociales que habitan las personas pueden afectar significativamente su bienestar emocional y su funcionamiento cognitivo, influyendo así en la activación y el refuerzo de esquemas negativos. Un aspecto influyente de los factores ambientales son los estresores de la vida diaria que enfrentan las personas. Eventos estresantes, como desafíos académicos o laborales, dificultades financieras, conflictos familiares o preocupaciones relacionadas con la salud, pueden servir como potentes desencadenantes para la activación de esquemas desadaptativos. Estos estresores provocan emociones y cogniciones negativas, que refuerzan las autopercepciones y creencias negativas preexistentes, perpetuando en última instancia el estado depresivo del individuo. Comprender el papel de estos estresores en la activación de esquemas es crucial para desarrollar intervenciones dirigidas a mitigar su impacto en el bienestar mental.

La calidad de las relaciones interpersonales en el entorno influye profundamente en la activación de esquemas desadaptativos. Las interacciones negativas con familiares, amigos o colegas pueden validar las autopercepciones negativas de las personas y contribuir a un ciclo de refuerzo negativo. Por ejemplo, las experiencias repetidas de crítica, rechazo o invalidación por parte de otras personas significativas pueden fomentar una sensación persistente de inutilidad o falta de amor, reforzando los correspondientes esquemas desadaptativos. Por el contrario, las interacciones sociales positivas y de apoyo pueden servir como factores de protección contra la activación de esquemas desadaptativos, promoviendo la resiliencia y el bienestar psicológico.

Además de la dinámica social, el entorno físico en el que las personas viven y trabajan también puede influir en la activación de esquemas. Vivir en entornos desordenados o inseguros, experimentar ruido o hacinamiento crónicos, o soportar largos periodos de soledad, puede generar cargas emocionales y cognitivas adicionales, lo que fomenta aún más la activación de esquemas desadaptativos. Asimismo, la exposición a eventos traumáticos o adversidades, como desastres naturales o violencia comunitaria, puede aumentar significativamente la vulnerabilidad a los síntomas depresivos al amplificar la activación de esquemas desadaptativos.

5. Dinámicas interpersonales que influyen en la activación de esquemas:

Las interacciones y relaciones que una persona mantiene pueden afectar significativamente sus procesos cognitivos y su bienestar emocional, contribuyendo al refuerzo o la ruptura de estos esquemas negativos. Un aspecto significativo de la dinámica interpersonal es el concepto de estilos de apego. Diversas investigaciones han demostrado que los estilos de apego inseguros, caracterizados por patrones de evitación o ansiedad, se asocian con el desarrollo de esquemas desadaptativos relacionados con el abandono, el rechazo y la incompetencia. Además, las personas con estos estilos de apego pueden buscar relaciones que, inadvertidamente, refuercen estos esquemas, perpetuando un ciclo de patrones de interacción negativos y angustia emocional.

Los patrones de comunicación en las relaciones interpersonales pueden desencadenar la activación de esquemas. La crítica, la invalidación o los intercambios conflictivos pueden alimentar distorsiones cognitivas y provocar fuertes respuestas emocionales, intensificando la influencia de los esquemas desadaptativos. La falta de apoyo y empatía por parte de las personas significativas también puede contribuir al mantenimiento de autopercepciones y creencias negativas, amplificando el impacto de estos esquemas en el bienestar psicológico del individuo.

Las dinámicas de poder en las relaciones también influyen en la activación de esquemas. Las personas que experimentan una sensación de impotencia o subyugación en sus interacciones con los demás pueden desarrollar esquemas centrados en la inutilidad, la insignificancia o la falta de control. Estas dinámicas relacionales pueden perpetuar sentimientos de impotencia y desesperanza, reforzando los marcos cognitivos negativos y las respuestas emocionales asociadas con la depresión. Además, la presencia de conductas coercitivas o abusivas en las relaciones puede exacerbar significativamente la activación y el refuerzo de esquemas desadaptativos, atrincherando aún más a la persona en un ciclo de angustia psicológica.

Además de estas dinámicas individuales, los sistemas familiares y las redes sociales pueden influir significativamente en la activación de esquemas. Los entornos caracterizados por disfunción, conflicto o negligencia pueden cultivar y reforzar esquemas cognitivos desadaptativos, creando un contexto generalizado para la persistencia de los síntomas depresivos. Por el contrario, los entornos sociales de apoyo, validación y seguridad pueden actuar como factores de protección, mitigando el impacto de los esquemas desadaptativos y fomentando estrategias de afrontamiento adaptativas.

6. Ciclo de reactivación - Episodios depresivos:

Los episodios depresivos suelen actuar como catalizadores de la reactivación de esquemas desadaptativos profundamente arraigados, creando un ciclo de retroalimentación que sustenta la experiencia depresiva del individuo. Este patrón cíclico puede manifestarse de diversas maneras, contribuyendo a la persistencia y exacerbación de los síntomas depresivos con el tiempo. La activación de esquemas desadaptativos durante los episodios depresivos suele provocar un mayor malestar emocional, patrones de pensamiento distorsionados y respuestas conductuales negativas, lo que refuerza aún más el autoconcepto y la visión del mundo negativos del individuo. A medida que el individuo continúa experimentando estos esquemas reforzados durante cada episodio depresivo, el ciclo de reactivación se afianza cada vez más, lo que dificulta que el individuo interrumpa el patrón y logre un alivio duradero de sus síntomas. Además, el ciclo de reactivación puede conducir a una intensificación gradual de los episodios depresivos del individuo, ya que el refuerzo prolongado de los esquemas desadaptativos profundiza su influencia en el procesamiento cognitivo y emocional del individuo. Este impacto cada vez más profundo puede afectar significativamente la capacidad del individuo para implementar estrategias de afrontamiento adaptativas, mantener relaciones interpersonales saludables y afrontar eficazmente los factores estresantes de la vida. Reconocer la interacción entre los episodios depresivos y la reactivación de esquemas desadaptativos es esencial para los profesionales clínicos e investigadores que buscan desarrollar intervenciones específicas que interrumpan este ciclo y promuevan una recuperación duradera. Al abordar el ciclo de reactivación, los profesionales clínicos pueden trabajar para empoderar a las personas para que reconozcan, cuestionen y, en última instancia, transformen sus esquemas desadaptativos, reduciendo así la frecuencia y la gravedad de los episodios depresivos. Además, fomentar la resiliencia y mejorar los mecanismos de afrontamiento adaptativos puede ayudar a las personas a gestionar desafíos futuros sin sucumbir a los efectos perjudiciales de la reactivación recurrente de esquemas.

7. Impacto longitudinal en el individuo:

El concepto de esquemas y su activación en estados depresivos plantea importantes consideraciones sobre su impacto longitudinal en las personas. Los estudios longitudinales proporcionan información valiosa sobre cómo los esquemas activados perpetúan e influyen en el bienestar psicológico de una persona durante períodos prolongados. Estos estudios profundizan en los efectos duraderos de la activación de esquemas en los procesos cognitivos, las respuestas emocionales y los patrones de comportamiento. Al observar a las personas a lo largo del tiempo, los investigadores pueden comprender mejor la influencia sostenida de los esquemas activados en el desarrollo y mantenimiento de los episodios depresivos. Las investigaciones longitudinales también arrojan luz sobre el potencial de los esquemas recurrentes o crónicos para afectar el funcionamiento adaptativo y la calidad de vida general de una persona. Además, las evaluaciones longitudinales ofrecen una visión integral de cómo la activación de esquemas puede contribuir a la progresión o recurrencia de los síntomas depresivos, proporcionando información crucial para la planificación personalizada del tratamiento y las estrategias de intervención. Asimismo, examinar el impacto longitudinal de la activación de esquemas permite identificar factores protectores y mecanismos de resiliencia que pueden mitigar las consecuencias perjudiciales de los esquemas desadaptativos. Esta comprensión es vital para los profesionales clínicos que buscan adaptar los enfoques terapéuticos para abordar los efectos duraderos de la activación de esquemas en la salud mental individual. Además, la investigación longitudinal contribuye a la elucidación de las posibles trayectorias de activación de esquemas a lo largo de las distintas etapas de la vida y períodos de transición, ofreciendo perspectivas cruciales sobre la naturaleza dinámica de los esquemas y sus implicaciones para el bienestar psicológico a largo plazo. Comprender el impacto longitudinal de la activación de esquemas en el individuo es fundamental para el avance de las prácticas clínicas y la fundamentación de medidas preventivas que promuevan la resiliencia en la salud mental. Esto sienta las bases para el desarrollo de intervenciones específicas que buscan interrumpir el ciclo de reactivación de esquemas y promover cambios positivos duraderos en los procesos cognitivo-afectivos de las personas.

Tipos de esquemas desadaptativos vinculados a la depresión

1. Dominios de vulnerabilidad específicos:

Los dominios específicos de vulnerabilidad encapsulan conjuntos de creencias y suposiciones fundamentales a través de las cuales las personas se perciben a sí mismas, a los demás y al mundo que las rodea. Un dominio de vulnerabilidad prominente se refiere a la percepción de uno mismo como inherentemente defectuoso o defectuoso. Esto abarca creencias profundamente arraigadas de que uno es fundamentalmente indigno, inadecuado o indigno de ser amado, que a menudo se manifiestan como sentimientos abrumadores de vergüenza y autocrítica. Quienes albergan estas creencias pueden incurrir en comportamientos de autosabotaje, tener dificultades para establecer relaciones satisfactorias y experimentar angustia persistente por sus deficiencias percibidas.

Otro ámbito crítico de vulnerabilidad gira en torno al miedo al rechazo, el abandono o la traición. Con raíces en experiencias relacionales pasadas, las personas portadoras de estos esquemas pueden abordar las interacciones interpersonales con inquietud y una sensación subyacente de pérdida inminente. Esta aprensión generalizada puede dar lugar a patrones de retraimiento emocional, dependencia o incapacidad para confiar, perpetuando un ciclo de soledad y desafíos sociales.

El ámbito de los problemas de autonomía y rendimiento abarca las creencias sobre la propia competencia, eficacia y capacidad para funcionar de forma independiente. Quienes se ven afectados por este ámbito de vulnerabilidad a menudo lidian con sentimientos de impotencia, incapacidad y una sensación generalizada de ineptitud para gestionar las exigencias de la vida. En consecuencia, pueden mostrar tendencias evasivas, tener dificultades para tomar decisiones y albergar dudas persistentes sobre su capacidad para gestionar eficazmente los desafíos.

En el contexto de los dominios específicos de vulnerabilidad, es crucial abordar los temas omnipresentes del derecho a todo y las necesidades insatisfechas. Las personas moldeadas por esquemas de derecho a todo pueden experimentar una profunda insatisfacción y frustración cuando sus expectativas no se cumplen, lo que genera conflictos interpersonales y una sensación constante de desilusión. Comprender los fundamentos de estas percepciones de derecho a todo permite a los profesionales sanitarios discernir la conexión entre las necesidades insatisfechas y el malestar emocional resultante, lo que permite orientar intervenciones específicas para fomentar estrategias de afrontamiento adaptativas y expectativas realistas.

La clave para comprender los dominios específicos de vulnerabilidad reside en reconocer cómo estas creencias y patrones cognitivos profundamente arraigados contribuyen al mantenimiento de los estados depresivos. Reconocer la naturaleza multifacética de estas vulnerabilidades permite la aplicación personalizada de estrategias terapéuticas dirigidas a reestructurar esquemas desadaptativos, fomentar la resiliencia y generar un autoconcepto positivo y dinámicas relacionales.

2. Esquema de privación emocional:

El esquema de privación emocional, un esquema desadaptativo significativo vinculado a la depresión, abarca la creencia fundamental de una persona de no recibir el apoyo emocional, el cuidado ni la empatía adecuados de los demás. Esta creencia generalizada suele provenir de experiencias tempranas de negligencia, indisponibilidad emocional o invalidación, y puede influir significativamente en el procesamiento cognitivo y emocional de una persona. Comprender el esquema de privación emocional requiere profundizar en su manifestación en diversos aspectos de la vida, como las relaciones interpersonales, la autopercepción y los mecanismos de afrontamiento.

Una manifestación característica del esquema de privación emocional es la tendencia a buscar una validación y aprobación excesivas de fuentes externas, ya que las personas con este esquema pueden percibirse como inherentemente indignos o inmerecedores de atención y comprensión genuinas. En consecuencia, pueden exhibir comportamientos dirigidos a obtener el apoyo emocional deseado, perpetuando inadvertidamente un ciclo de necesidades insatisfechas y reforzando su creencia fundamental de privación emocional. Además, las personas que albergan este esquema pueden tener dificultades para establecer y mantener conexiones auténticas, sintiéndose a menudo insatisfechas en sus relaciones debido a una percepción continua de déficit de sustento emocional.

El esquema de privación emocional contribuye a una profunda sensación de vacío interior y a un anhelo crónico de plenitud emocional. Este vacío emocional generalizado puede llevar a las personas a adoptar conductas compensatorias, como comer en exceso, abusar de sustancias o trabajar excesivamente, en un intento por aliviar su angustia emocional. A pesar de estos esfuerzos, persiste la arraigada creencia de una escasez emocional inherente, perpetuando un estado de angustia emocional crónica y rumiación cognitiva.

Desde un punto de vista cognitivo, las personas influenciadas por el esquema de privación emocional frecuentemente adoptan un filtro que amplifica las instancias de negligencia o rechazo emocional percibido, a la vez que descartan las expresiones de cuidado y apoyo genuinos, lo que refuerza su creencia nuclear negativa. Este sesgo cognitivo aumenta la susceptibilidad a la sintomatología depresiva, ya que intensifica los sentimientos de aislamiento e inutilidad, lo que disminuye la resiliencia para afrontar las adversidades.

El esquema de privación emocional influye profundamente en la autopercepción y la formación de la identidad de una persona. La creencia generalizada de estar emocionalmente privado puede generar sentimientos internalizados de incompetencia, indignidad y baja autoestima. Como resultado, las personas pueden desarrollar estándares autoimpuestos estrictos y ser incesantemente autocríticas, perpetuando un ciclo de disminución de la autoestima y exacerbando los síntomas depresivos.

Abordar eficazmente el esquema de privación emocional en el contexto terapéutico implica un enfoque integral que abarca la reestructuración cognitiva, intervenciones centradas en las emociones y técnicas relacionales. Al fomentar un entorno que valide las experiencias emocionales del individuo y promueva la autocompasión, los terapeutas pueden ayudar a desafiar y transformar las percepciones profundamente arraigadas de escasez emocional, fomentando así modos más saludables y adaptativos de relacionarse con uno mismo y con los demás.

3. Patrones de abandono e inestabilidad:

El abandono y la inestabilidad son temas centrales dentro de los esquemas desadaptativos vinculados a la depresión, que abarcan percepciones negativas de pérdida duradera e imprevisibilidad. Estos esquemas a menudo se desarrollan a partir de experiencias reales o percibidas de negligencia, rechazo o cuidados inconsistentes durante los años de formación, lo que lleva a una creencia arraigada en la inevitabilidad del abandono y la alteración de las relaciones y las circunstancias vitales. Estos sistemas de creencias profundamente arraigados pueden afectar significativamente la autoestima, la confianza en los demás y la capacidad de cultivar vínculos seguros y estables.

Las personas que albergan esquemas de abandono e inestabilidad podrían mostrar tendencias al apego o la posesividad en las relaciones como forma de mitigar su miedo subyacente a ser abandonadas. Por otro lado, también podrían presentar patrones de desapego emocional o evitación como respuesta protectora ante la pérdida anticipada. Estos mecanismos de afrontamiento, aunque inicialmente adaptativos, pueden perpetuar un ciclo de angustia relacional y reforzar la naturaleza generalizada del esquema.

La manifestación de esquemas de abandono e inestabilidad trasciende las dinámicas interpersonales y genera una sensación general de incertidumbre y aprensión sobre el futuro. Las personas afectadas por estos esquemas pueden tener dificultades para mantener la estabilidad en diversos ámbitos de su vida, como sus aspiraciones profesionales, sus metas personales y su bienestar emocional. Este estado perpetuo de inestabilidad puede exacerbar los sentimientos de impotencia y desesperanza, predisponiendo posteriormente a la aparición o perpetuación de síntomas depresivos.

Reconocer y abordar estos patrones de abandono e inestabilidad profundamente arraigados es fundamental en las intervenciones terapéuticas dirigidas a aliviar los síntomas depresivos. Mediante la reestructuración cognitiva específica y técnicas experienciales, las personas pueden replantear gradualmente sus interpretaciones de la dinámica relacional y cultivar una comprensión más matizada de la estabilidad y el apego. La integración de estas estrategias con terapias centradas en las emociones permite a las personas procesar y gestionar sus respuestas emocionales para fomentar patrones relacionales más saludables y fortalecer la resiliencia frente a la influencia insidiosa de los esquemas de abandono e inestabilidad.

4. Dinámica del esquema de imperfección y vergüenza:

La dinámica de los esquemas de imperfección y vergüenza está intrínsecamente ligada a las creencias fundamentales que las personas tienen sobre su valor fundamental. Estos esquemas suelen derivar de experiencias tempranas de rechazo, crítica o abandono emocional, lo que lleva a las personas a desarrollar sentimientos generalizados de incompetencia e indignidad. En el núcleo de estos esquemas desadaptativos se encuentra una profunda sensación de imperfección o defecto que impregna diversos aspectos del autoconcepto. Las personas con estos esquemas suelen albergar sentimientos persistentes de no estar a la altura, de ser inherentemente imperfectas o de sentirse indignas de ser queridas. Estos sentimientos pueden afectar significativamente sus relaciones interpersonales, su autoestima y su bienestar psicológico general. Además, la vergüenza asociada a estas percepciones tiende a reforzar un ciclo de autocrítica y retraimiento, perpetuando el impacto negativo del esquema. Es fundamental reconocer que estos esquemas desadaptativos operan tanto a nivel consciente como inconsciente, ejerciendo una potente influencia en las respuestas emocionales, el procesamiento cognitivo y los patrones de comportamiento de las personas. Eventos o interacciones aparentemente inconexos pueden desencadenar reacciones de vergüenza profundamente arraigadas, generando conductas defensivas o estrategias de evitación como medio de autopreservación. Abordar la dinámica de los esquemas de vergüenza y deficiencias en el contexto de la depresión requiere un enfoque multifacético que abarque la reestructuración cognitiva, la regulación emocional y la autoaceptación compasiva. Al fomentar un entorno terapéutico que fomente la vulnerabilidad, la validación y la reformulación de las autopercepciones negativas, las personas pueden comenzar a desafiar y reestructurar estos esquemas desadaptativos arraigados. Las intervenciones integrales que integran técnicas experienciales, la exploración de experiencias tempranas y el fomento de la autocompasión pueden facilitar la desintegración gradual de estos sistemas de creencias profundamente arraigados. Los profesionales clínicos y de la salud mental desempeñan un papel fundamental al apoyar a las personas en la reformulación de sus narrativas internas, el desarrollo del autoempoderamiento y el fomento de un sentido de pertenencia y aceptación.

5. Percepciones de dependencia e incompetencia:

En el contexto de los modelos cognitivos, las percepciones de dependencia e incompetencia contribuyen significativamente a la autoestima y eficacia personal de una persona. El esquema de dependencia abarca la creencia de incapacidad para funcionar de forma autónoma o satisfacer sus necesidades básicas sin apoyo o validación externa. Esto suele contribuir a sentimientos de impotencia e incompetencia, perpetuando un ciclo de inseguridad y dependencia de los demás para su bienestar emocional. De igual manera, el esquema de incompetencia gira en torno a la percepción generalizada de ser fundamentalmente inadecuado o inepto en diversos ámbitos de la vida, como el trabajo, las relaciones interpersonales y la toma de decisiones. Estas creencias pueden evocar profundos sentimientos de fracaso e inutilidad, amplificando la experiencia de depresión y disminuyendo la motivación de la persona para alcanzar metas significativas. Es fundamental reconocer que estos esquemas desadaptativos no son solo pensamientos o creencias aislados, sino que moldean profundamente las respuestas emocionales, los patrones de comportamiento y la dinámica interpersonal de la persona. Además, la interacción entre la dependencia y las percepciones de incompetencia suele exacerbar la vulnerabilidad de la persona a los síntomas depresivos. Por ejemplo, una persona que lidia con sentimientos arraigados de incompetencia puede buscar excesiva confianza en los demás, lo que refuerza su esquema de dependencia y profundiza aún más su sensación de incompetencia. Comprender las manifestaciones y los orígenes matizados de estos esquemas es crucial para profesionales clínicos e investigadores que buscan abordar la naturaleza multifacética de la depresión. Las estrategias terapéuticas adaptadas a las percepciones de dependencia e incompetencia pueden implicar la reestructuración cognitiva, la activación conductual y el fomento de mecanismos de afrontamiento adaptativos. Al desafiar las creencias distorsionadas y cultivar la autosuficiencia, las personas pueden mitigar gradualmente el impacto de estos esquemas desadaptativos, empoderándolas para afrontar los desafíos de la vida con mayor resiliencia y autonomía.

6. Importancia de las percepciones de derechos:

Las percepciones de derecho, en el marco de los esquemas desadaptativos vinculados a la depresión, giran en torno a la creencia de que uno merece intrínsecamente un trato especial, un reconocimiento superior o privilegios inmerecidos sin un esfuerzo o contribución proporcionales. Estas distorsiones del pensamiento a menudo provienen de experiencias tempranas de indulgencia, elogios irrealistas o sobreprotección, lo que fomenta una sensación exagerada de derecho. Esta perspectiva cognitiva distorsionada fomenta una sensación generalizada de injusticia cuando la realidad no cumple con las expectativas exageradas, alimentando sentimientos de insatisfacción, resentimiento y desilusión ante los desafíos o contratiempos cotidianos. Las personas que albergan percepciones de derecho pueden tener dificultades para aceptar la responsabilidad personal, lo que resulta en relaciones interpersonales tensas y un obstáculo para el desarrollo personal. Además, estas creencias desadaptativas pueden exacerbar la gravedad y la persistencia de los síntomas depresivos, a medida que las personas lidian con expectativas incumplidas y una desilusión perpetua. Comprender la importancia de la percepción de derecho requiere un enfoque multidimensional que abarque la reestructuración cognitiva, las intervenciones conductuales y la exploración matizada de las influencias sociales y educativas. Las estrategias terapéuticas dirigidas a abordar la percepción de derecho implican cultivar la responsabilidad, fomentar la empatía hacia los demás y promover una valoración más realista de los derechos y privilegios personales. Los profesionales clínicos deben lograr el delicado equilibrio entre reconocer la angustia de la persona y cuestionar las cogniciones de derecho para promover el afrontamiento adaptativo y el locus de control interno.

Interacción entre esquemas y distorsiones cognitivas

1. Esquemas versus distorsiones cognitivas – Identificación de la superposición:

Como sabemos, los esquemas y las distorsiones cognitivas son componentes integrales del modelo cognitivo y desempeñan un papel crucial en las experiencias emocionales y los comportamientos de una persona. Mientras que los esquemas representan creencias fundamentales y duraderas sobre uno mismo y el mundo, las distorsiones cognitivas son errores de pensamiento específicos que contribuyen a interpretaciones negativas de los acontecimientos.

Para comprender la convergencia de esquemas y distorsiones cognitivas, es fundamental reconocer su influencia compartida en el procesamiento de la información. Los esquemas forman un marco cognitivo mediante el cual las personas interpretan y organizan la información entrante, moldeando sus percepciones y juicios. Simultáneamente, las distorsiones cognitivas distorsionan los patrones de pensamiento de una persona, lo que lleva a un procesamiento sesgado de la información que se alinea con sus esquemas existentes. La combinación de estos procesos puede afectar significativamente las respuestas emocionales y las reacciones conductuales de una persona en diversas situaciones.

Explorar la superposición entre esquemas y distorsiones cognitivas implica examinar la relación recíproca entre ambos constructos. Dado que las creencias fundamentales (esquemas) predisponen a los individuos a interpretar las situaciones de maneras específicas, las distorsiones cognitivas refuerzan y perpetúan estas interpretaciones desadaptativas, fortaleciendo así la influencia de los esquemas. Por el contrario, la presencia de distorsiones cognitivas puede intensificar la activación de esquemas desadaptativos preexistentes, creando un ciclo de retroalimentación que sustenta patrones cognitivo-emocionales negativos.

En el ámbito clínico, distinguir entre esquemas y distorsiones cognitivas es fundamental para formular intervenciones específicas. Los terapeutas deben discernir si los problemas que presenta un paciente se deben a creencias rígidas relacionadas con esquemas o a distorsiones cognitivas que distorsionan su percepción de la realidad. Al identificar el factor contribuyente principal, los terapeutas pueden adaptar las estrategias terapéuticas para contrarrestar las distorsiones cognitivas o modificar los esquemas desadaptativos, promoviendo así procesos cognitivos más adaptativos y un mayor bienestar emocional.

Comprender la interacción entre los esquemas y las distorsiones cognitivas puede enriquecer enfoques terapéuticos como la reestructuración cognitiva y las intervenciones centradas en esquemas. La integración de estrategias que abordan y desentrañan específicamente la interconexión de estos factores permite un enfoque terapéutico integral y matizado. Al desmantelar el ciclo de refuerzo entre los esquemas desadaptativos y las distorsiones cognitivas, las personas pueden cultivar evaluaciones cognitivas más flexibles y equilibradas, reduciendo así el impacto emocional de las dificultades subyacentes de salud mental.

2. Mecanismos de interacción:

Al explorar la interacción entre esquemas y distorsiones cognitivas, es fundamental profundizar en los mecanismos que sustentan su interacción. Los esquemas, estructuras cognitivas profundamente arraigadas y moldeadas por experiencias tempranas, influyen significativamente en la percepción e interpretación que un individuo hace de la información entrante. Simultáneamente, las distorsiones cognitivas, caracterizadas por patrones de pensamiento sesgados o distorsionados, pueden exacerbar aún más la activación y perpetuación de esquemas desadaptativos.

Para comprender los mecanismos interactivos, son fundamentales los procesos cognitivos implicados en el filtrado, la interpretación y el procesamiento de la información. Los sesgos cognitivos inherentes a las personas con esquemas desadaptativos suelen conducir a la codificación, retención y recuperación selectiva de información, lo que refuerza creencias negativas preexistentes, perpetuando así un ciclo de pensamiento distorsionado y angustia emocional. Además, el refuerzo recíproco entre los esquemas desadaptativos y las distorsiones cognitivas puede crear un sistema autoperpetuante en el que las experiencias del individuo siguen alineándose con su visión negativa preconcebida del mundo y reforzándola.

Los procesos cognitivo-afectivos desempeñan un papel fundamental en la operacionalización de la interacción entre esquemas y distorsiones cognitivas. Los factores emocionales influyen considerablemente en la interpretación y evaluación de las propias experiencias, lo que a su vez influye en la activación y el mantenimiento de esquemas desadaptativos. Comprender cómo los estados emocionales pueden moldear los procesos cognitivos y viceversa proporciona información crucial sobre la naturaleza bidireccional de esta interacción.

Es importante destacar que los desencadenantes ambientales y situacionales también contribuyen a la activación y modulación de estos mecanismos interactivos. Los eventos estresantes, las dinámicas interpersonales y las señales ambientales pueden provocar y perpetuar la activación de esquemas desadaptativos, lo que se entrelaza con las distorsiones cognitivas para moldear la percepción y las respuestas conductuales de un individuo. Reconocer las influencias contextuales en la interacción entre esquemas y distorsiones cognitivas es indispensable para comprender integralmente las complejidades de esta relación dinámica.

3. Resultados Implicativos en Psicopatología:

La interacción entre esquemas y distorsiones cognitivas despliega una trayectoria compleja dentro de las manifestaciones psicopatológicas. En el núcleo de los resultados implicativos se encuentra la red de cómo los esquemas profundamente arraigados alimentan y perpetúan las distorsiones cognitivas, lo que conduce a una cascada de efectos adversos en la salud mental de una persona. Estos resultados implicativos pueden manifestarse de múltiples maneras, incluyendo, entre otras, la exacerbación de los síntomas, la prolongación de los episodios o la dificultad para la recuperación en personas con trastornos depresivos, trastornos de ansiedad, trastorno de estrés postraumático (TEPT) y otras afecciones relacionadas. Al dilucidar las vías a través de las cuales los esquemas desadaptativos y las distorsiones cognitivas contribuyen a la aparición y el mantenimiento de dichas psicopatologías, podemos discernir las complejidades subyacentes a estos desafíos de salud mental.

Los resultados implicativos trascienden la sintomatología y afectan áreas más amplias de la vida del individuo, abarcando las relaciones interpersonales, el funcionamiento laboral y la calidad de vida en general. La naturaleza generalizada de estos resultados implicativos subraya la necesidad imperiosa de abordar la interacción entre los esquemas y las distorsiones cognitivas en la práctica clínica y las intervenciones terapéuticas. Reconocer las profundas implicaciones de estos procesos cognitivos desadaptativos es fundamental para diseñar enfoques terapéuticos integrales que no solo aborden la reducción de los síntomas, sino que también mitiguen el impacto general en el bienestar del individuo.

Explorar los resultados implicativos en psicopatología arroja luz sobre la posible relevancia pronóstica de identificar y abordar los esquemas desadaptativos y las distorsiones cognitivas. Comprender cómo estos resultados implicativos influyen en la evolución y el pronóstico de diversos trastornos psicológicos puede fundamentar intervenciones personalizadas destinadas a interrumpir el ciclo perjudicial de los patrones cognitivos desadaptativos. Este enfoque proactivo es prometedor para mejorar la eficacia del tratamiento y promover el bienestar mental sostenido.

4. Modelos analíticos para evaluar la sinergia:

La interacción entre esquemas y distorsiones cognitivas presenta una dinámica compleja que requiere un análisis exhaustivo para comprender su impacto sinérgico en la psicopatología. Para lograrlo, los modelos analíticos ofrecen un enfoque estructurado para analizar la relación entre estos dos componentes fundamentales del funcionamiento psicológico. Estos modelos buscan proporcionar un marco integral para evaluar la influencia combinada de esquemas y distorsiones cognitivas en los patrones cognitivos, emocionales y conductuales de un individuo.

Un modelo analítico destacado es el modelo de interacción esquema-distorsión cognitiva, que profundiza en las interacciones recíprocas entre los esquemas desadaptativos y las distorsiones cognitivas. El modelo de interacción esquema-distorsión cognitiva postula que ciertas distorsiones cognitivas pueden actuar como desencadenantes, activando esquemas desadaptativos específicos, exacerbando así vulnerabilidades cognitivas y perpetuando estados afectivos negativos. Al delinear estas interacciones, el modelo de interacción esquema-distorsión cognitiva facilita una comprensión más profunda de cómo ciertas distorsiones cognitivas pueden reforzar esquemas desadaptativos preexistentes, lo que lleva a la perpetuación de creencias y comportamientos disfuncionales.

Otro modelo instrumental es el modelo de terapia de esquemas multidimensionales, que integra las distorsiones cognitivas en el contexto más amplio de la terapia de esquemas. El modelo de terapia de esquemas multidimensionales adopta una perspectiva multidimensional, considerando diversos factores como las experiencias tempranas de la vida, los estilos de afrontamiento y las dinámicas interpersonales, para dilucidar cómo las distorsiones cognitivas interactúan con los esquemas desadaptativos en diferentes ámbitos de la vida de una persona. Este enfoque integrador permite una evaluación matizada de la naturaleza interdependiente de los esquemas y las distorsiones cognitivas, arrojando luz sobre su impacto conjunto en la regulación emocional y el funcionamiento interpersonal.

Por otro lado, el marco de integración de distorsiones de esquemas cognitivos ofrece un modelo heurístico para sintetizar las distorsiones cognitivas en el marco de los esquemas desadaptativos centrales. El marco de integración de distorsiones de esquemas cognitivos promueve la identificación de distorsiones cognitivas específicas que frecuentemente coexisten con distintos esquemas desadaptativos, lo que revela la correspondencia entre las distorsiones cognitivas y las creencias fundamentales subyacentes. Este enfoque integrado subraya la necesidad de abordar las distorsiones cognitivas simultáneamente con los esquemas desadaptativos, reconociendo su papel complementario en la configuración del panorama cognitivo-emocional del individuo.

5. Intervenciones terapéuticas:

La compleja interacción entre esquemas y distorsiones cognitivas plantea un profundo desafío en el ámbito de las intervenciones terapéuticas. Abordar esta dualidad requiere un enfoque multifacético que integre estrategias específicas para modificar los esquemas desadaptativos y, al mismo tiempo, abordar las distorsiones cognitivas subyacentes.

La reestructuración cognitiva, piedra angular de la terapia cognitivo-conductual, sirve como modalidad principal para abordar las distorsiones cognitivas asociadas con los esquemas desadaptativos. Al identificar y cuestionar sistemáticamente las creencias irracionales, las personas pueden reestructurar sus marcos cognitivos, interrumpiendo así el ciclo de refuerzo de los esquemas negativos. Además, las intervenciones basadas en la atención plena han demostrado ser prometedoras para abordar tanto la naturaleza rígida de los esquemas desadaptativos como los pensamientos automáticos asociados con las distorsiones cognitivas. Al cultivar una conciencia sin prejuicios, las personas adquieren la capacidad de observar sus pensamientos y emociones sin verse atrapadas en distorsiones cognitivas, fomentando así una respuesta cognitiva más flexible.

La terapia centrada en esquemas, un enfoque integrador diseñado específicamente para abordar esquemas desadaptativos, ofrece un marco para abordar directamente creencias negativas profundamente arraigadas. Al combinar técnicas cognitivas, conductuales y experienciales, este enfoque facilita la modificación de esquemas desadaptativos, lo que en última instancia conduce a respuestas más adaptativas en diversas situaciones de la vida. La terapia centrada en esquemas cobra especial relevancia al abordar la relación entre esquemas y distorsiones cognitivas, debido a su énfasis en abordar los temas centrales que sustentan estos procesos cognitivos.

Además de estas intervenciones primarias, la incorporación de técnicas centradas en la emoción desempeña un papel crucial en el abordaje de los componentes afectivos asociados con los esquemas desadaptativos y las distorsiones cognitivas. Las intervenciones centradas en la emoción buscan facilitar el procesamiento emocional, fomentando una comprensión y aceptación más profundas de las emociones subyacentes. Al crear nuevas experiencias emocionales dentro del contexto terapéutico, las personas pueden desafiar y modificar las respuestas emocionales asociadas tanto a los esquemas desadaptativos como a las distorsiones cognitivas.

Es fundamental que los profesionales clínicos consideren la integración completa de estas intervenciones terapéuticas al abordar la dualidad de esquemas y distorsiones cognitivas. Al combinar la reestructuración cognitiva, las técnicas basadas en mindfulness, la terapia centrada en esquemas y las intervenciones centradas en las emociones, los profesionales clínicos pueden abordar eficazmente los factores cognitivos y afectivos interconectados que contribuyen al malestar psicológico, promoviendo así un cambio profundo en los sistemas cognitivo-emocionales de las personas.

El impacto de los esquemas en entornos clínicos

1. Métodos cuantitativos - Encuestas y cuestionarios:

El uso de métodos cuantitativos, como encuestas y cuestionarios, para evaluar el impacto de los esquemas en el ámbito clínico representa un aspecto fundamental de la investigación y la práctica clínica contemporáneas. Mediante técnicas de recopilación de datos estructurados, investigadores y profesionales de la salud mental pueden obtener información valiosa sobre la prevalencia, la naturaleza y la influencia de los esquemas desadaptativos en personas con depresión. Las encuestas y los cuestionarios proporcionan un medio sistemático para recopilar información sobre las estructuras cognitivas, las creencias y los patrones cognitivos de un individuo, lo que permite la formulación de evaluaciones empíricas y comparaciones entre diversas poblaciones.

Al diseñar encuestas y cuestionarios para medir el impacto de los esquemas, es fundamental garantizar que los instrumentos se basen en marcos teóricos y presenten propiedades psicométricas sólidas. Mediante el uso de escalas establecidas y medidas validadas, los profesionales pueden captar eficazmente los matices de los esquemas desadaptativos, manteniendo la fiabilidad y validez de sus hallazgos. Además, el uso de instrumentos estandarizados facilita la agregación de datos, lo que permite a los investigadores extraer conclusiones significativas sobre la relación entre perfiles de esquemas específicos y la sintomatología depresiva.

Los métodos cuantitativos también brindan la oportunidad de cuantificar la gravedad y la prevalencia de los esquemas desadaptativos, lo que arroja luz sobre el impacto diferencial de diversas distorsiones cognitivas en el bienestar emocional de una persona. Mediante evaluaciones estructuradas, los profesionales clínicos pueden evaluar sistemáticamente la presencia de creencias fundamentales, esquemas desadaptativos tempranos y pensamientos automáticos, lo que fundamenta intervenciones específicas y la planificación del tratamiento adaptada a las vulnerabilidades cognitivas específicas identificadas. Además, la naturaleza sistemática de las encuestas y cuestionarios permite identificar posibles comorbilidades y explorar cómo los esquemas desadaptativos se intersectan con otros trastornos psicológicos, lo que contribuye a una comprensión integral del estado de salud mental del paciente.

Es importante reconocer las limitaciones de los métodos cuantitativos, incluyendo el potencial de sesgo de respuesta, los efectos de deseabilidad social y la simplificación excesiva de procesos cognitivos complejos. Por lo tanto, la triangulación de los hallazgos cuantitativos con datos cualitativos y observaciones clínicas se vuelve imperativa para obtener una comprensión holística de las experiencias de un individuo relacionadas con los esquemas. Al sintetizar los conocimientos cuantitativos y cualitativos, los profesionales pueden enriquecer su conceptualización de la naturaleza multifacética de los esquemas desadaptativos, allanando el camino para estrategias de intervención más matizadas e individualizadas.

A medida que la investigación avanza, el perfeccionamiento de las metodologías cuantitativas para medir el impacto de los esquemas contribuirá sin duda a la evolución continua de las prácticas basadas en la evidencia en el campo de la psicología y la salud mental. La integración adecuada de encuestas y cuestionarios en las evaluaciones clínicas refuerza nuestra capacidad para discernir la interacción entre los esquemas y la depresión, lo que, en última instancia, fomenta intervenciones terapéuticas más específicas y eficaces.

2. Enfoques cualitativos - Entrevistas y casos de estudio:

Los enfoques cualitativos para medir el impacto de los esquemas en entornos clínicos proporcionan información valiosa sobre la naturaleza de los procesos cognitivos y emocionales de las personas. Las entrevistas y los estudios de caso permiten a investigadores y profesionales clínicos profundizar en las experiencias vividas de las personas, captando matices que los métodos cuantitativos podrían pasar por alto. Realizar entrevistas exhaustivas con personas afectadas por depresión puede revelar los esquemas subyacentes que configuran sus percepciones, creencias y comportamientos. Estas entrevistas suelen incluir preguntas abiertas que animan a los participantes a reflexionar sobre sus patrones de pensamiento y respuestas emocionales en diversas situaciones vitales. La riqueza de los datos cualitativos obtenidos mediante estas entrevistas permite una comprensión integral de cómo los esquemas desadaptativos se manifiestan e influyen en la experiencia de la depresión. Además, los estudios de caso ofrecen una exploración detallada de casos individuales, proporcionando un examen exhaustivo de la interacción entre esquemas específicos y síntomas depresivos. Al sumergirse en las narrativas de casos individuales, los profesionales clínicos pueden obtener una comprensión profunda de las formas únicas en que los esquemas contribuyen a la aparición y el mantenimiento de la depresión. La exploración detallada de la historia personal, los patrones cognitivos y los desencadenantes emocionales en el contexto de estudios de caso mejora nuestra comprensión de las complejas relaciones entre los esquemas y el bienestar psicológico. Además, los enfoques cualitativos fomentan una comprensión empática de la experiencia humana de la depresión, contribuyendo a un enfoque más holístico y centrado en el paciente para la evaluación y el tratamiento. Mediante el análisis sistemático de datos cualitativos, se pueden identificar temas y patrones relacionados con los esquemas en la depresión, lo que conduce al desarrollo de intervenciones más específicas. Asimismo, la integración de los hallazgos cualitativos con medidas cuantitativas refuerza la validez y la fiabilidad de las evaluaciones de esquemas en la práctica clínica. Si bien los enfoques cualitativos ofrecen una exploración en profundidad, también presentan ciertos desafíos, como la posibilidad de sesgo en la interpretación y la naturaleza tediosa del análisis de datos. Sin embargo, cuando se utilizan junto con métodos cuantitativos, los conocimientos obtenidos de los enfoques cualitativos enriquecen la evaluación integral de los esquemas en entornos clínicos, informando intervenciones personalizadas y efectivas para las personas que experimentan depresión.

3. Herramientas estandarizadas para la medición de esquemas:

Las herramientas estandarizadas para la medición de esquemas proporcionan información valiosa sobre las estructuras cognitivas y creencias de un individuo que pueden contribuir a los síntomas depresivos. Estas herramientas ofrecen un método sistemático y fiable para evaluar esquemas desadaptativos en diversas poblaciones, lo que permite a profesionales clínicos e investigadores comprender a fondo su influencia. Una herramienta estandarizada destacada es el Cuestionario de Esquemas de Young (YSQ), desarrollado por el Dr. Jeffrey Young. Este cuestionario consta de 205 ítems diseñados para evaluar 18 esquemas desadaptativos tempranos, comúnmente asociados con la depresión y otros trastornos psicológicos. El YSQ ha demostrado sólidas propiedades psicométricas y se ha utilizado ampliamente tanto en entornos clínicos como de investigación para identificar y medir esquemas desadaptativos. Otra herramienta ampliamente utilizada es el inventario de modos de esquema, que evalúa diferentes modos de esquema o estilos de afrontamiento adoptados por las personas en respuesta a desencadenantes emocionales. Este instrumento proporciona una evaluación matizada de cómo las personas experimentan y responden a sus esquemas desadaptativos, ofreciendo información valiosa para intervenciones terapéuticas personalizadas. Además, la escala de calificación de terapia de esquemas se utiliza para evaluar las competencias de los terapeutas en la aplicación de la terapia de esquemas y la adherencia a sus principios. Al evaluar los procesos terapéuticos, la escala de calificación de terapia de esquemas contribuye al perfeccionamiento y la mejora de las intervenciones centradas en esquemas, lo que en última instancia mejora los resultados del tratamiento. Asimismo, el Cuestionario de Esquemas para Niños (SQ-C) se ha desarrollado para evaluar esquemas desadaptativos en poblaciones más jóvenes, reconociendo la importancia de la intervención temprana y las estrategias de prevención. El uso de herramientas estandarizadas para la medición de esquemas en diversos entornos clínicos ha facilitado la identificación de patrones cognitivos específicos asociados con la depresión en diferentes grupos demográficos, lo que permite intervenciones específicas y enfoques terapéuticos personalizados. Sin embargo, es fundamental reconocer las limitaciones de estas herramientas, incluyendo posibles sesgos culturales y la naturaleza subjetiva de las medidas de autoinforme. La investigación y el desarrollo continuos, centrados en mejorar la sensibilidad cultural y la validez de estas herramientas, son vitales para garantizar su aplicabilidad en diversas poblaciones. A medida que este campo continúa evolucionando, la integración de tecnologías avanzadas y métodos de evaluación innovadores promete un mayor perfeccionamiento de la medición de esquemas y una mayor comprensión de su impacto en la depresión.

4. Prácticas de evaluación clínica en poblaciones diversas:

Al trabajar con poblaciones diversas, los profesionales clínicos deben abordar factores culturales, lingüísticos y contextuales que pueden influir significativamente en la manifestación y expresión de esquemas desadaptativos. Para garantizar una evaluación precisa, es fundamental emplear herramientas y técnicas con base cultural, así como demostrar competencia y sensibilidad cultural.

En entornos clínicos, realizar evaluaciones exhaustivas implica no solo reconocer la presencia de esquemas desadaptativos, sino también sus posibles variaciones en diferentes contextos culturales. Este proceso requiere comprender cómo las creencias, valores y normas sociales culturales pueden influir en las experiencias e interpretaciones individuales de sus esquemas. Además, es fundamental considerar cuidadosamente las barreras lingüísticas y los estilos de comunicación al realizar las evaluaciones, ya que estos factores pueden afectar la validez y la fiabilidad de los datos recopilados.

Es importante que los profesionales clínicos reconozcan los matices de la evaluación de esquemas en poblaciones diversas y adopten un enfoque inclusivo que respete las diferencias individuales. Esto implica incorporar medidas validadas culturalmente, practicar la escucha activa y estar atentos a las señales no verbales que puedan transmitir malestar subyacente relacionado con los esquemas. Además, la colaboración con intérpretes y profesionales culturalmente competentes puede mejorar la precisión y la profundidad de las evaluaciones, proporcionando información valiosa sobre las formas únicas en que los esquemas pueden manifestarse en diversos grupos.

La evaluación de esquemas en poblaciones diversas debe ir más allá de la mera identificación de patrones desadaptativos. Los profesionales clínicos deben esforzarse por comprender el contexto sociocultural en el que se desarrollan y persisten los esquemas, incluyendo la influencia de las desigualdades sistémicas, la discriminación y las experiencias de aculturación. Al contextualizar la evaluación de esquemas dentro de factores sociales y ambientales más amplios, los profesionales clínicos pueden obtener una comprensión más completa de la complejidad de los esquemas en poblaciones diversas y diseñar intervenciones adaptadas que los aborden eficazmente.

Las evaluaciones culturalmente sensibles no solo contribuyen a una comprensión más precisa de los esquemas, sino que también sientan las bases para una planificación del tratamiento culturalmente sensible. Al reconocer las intersecciones de la cultura, la identidad y los procesos psicológicos, los profesionales clínicos pueden diseñar estrategias de intervención que conecten con personas diversas, promoviendo la inclusión y la eficacia en las estrategias terapéuticas centradas en los esquemas.

5. Desafíos en la medición e interpretación de esquemas:

La medición e interpretación de esquemas en el contexto clínico plantea varios desafíos que requieren una cuidadosa consideración. En primer lugar, las discrepancias en la comprensión y categorización de los esquemas entre diferentes marcos teóricos pueden complicar el proceso de medición. Este desafío se ve agravado por la necesidad de herramientas estandarizadas que puedan captar eficazmente la naturaleza multifacética de los esquemas y su impacto en la depresión. Además, las variaciones culturales y contextuales en la expresión y la experiencia de los esquemas entre diversas poblaciones representan un obstáculo significativo para la precisión de la medición e interpretación. Asimismo, la naturaleza dinámica y evolutiva de los esquemas a lo largo del tiempo requiere métodos de evaluación longitudinal, que pueden requerir muchos recursos y ser logísticamente complejos. Asimismo, identificar y distinguir entre esquemas superpuestos o interrelacionados requiere un enfoque sofisticado de interpretación, ya que estas complejidades pueden tener diversas implicaciones para la planificación del tratamiento y las estrategias de intervención. Otro desafío crítico es el potencial sesgo clínico en la interpretación de los resultados de la evaluación de esquemas, lo que destaca la importancia de la capacitación y la supervisión continuas para mejorar la objetividad y la consistencia en la medición. Las consideraciones éticas relacionadas con el uso de datos sensibles obtenidos mediante evaluaciones de esquemas también exigen una atención y supervisión minuciosas, en particular en lo que respecta a la privacidad y la confidencialidad. Por último, la integración de tecnologías emergentes en la medición de esquemas presenta tanto oportunidades como desafíos, ya que el campo aborda las preocupaciones éticas, de fiabilidad y validez asociadas con las herramientas de evaluación innovadoras. Abordar estos desafíos requiere la colaboración entre investigadores, profesionales clínicos y partes interesadas para desarrollar enfoques integrales y culturalmente sensibles para la medición e interpretación de esquemas en la práctica clínica. Al reconocer y abordar activamente estas complejidades, el campo puede mejorar su capacidad para evaluar y abordar eficazmente los esquemas desadaptativos en el contexto de la depresión.

6. Estudios longitudinales del impacto del esquema en la depresión:

Los estudios longitudinales son fundamentales para comprender los efectos a largo plazo de los esquemas en la depresión. Estas rigurosas investigaciones implican el seguimiento de individuos durante períodos prolongados, lo que permite un examen exhaustivo de cómo los esquemas contribuyen a la aparición, el mantenimiento y la recurrencia de los episodios depresivos. Al observar los cambios en la activación de esquemas desadaptativos y su correspondiente impacto en los síntomas depresivos a lo largo del tiempo, los investigadores pueden obtener información valiosa sobre la naturaleza dinámica de estos constructos cognitivos. Los estudios longitudinales permiten identificar patrones y tendencias en la evolución de los esquemas, lo que arroja luz sobre la interacción entre los esquemas crónicos y la manifestación de la depresión en las distintas etapas de la vida. Además, proporcionan una comprensión más profunda de los posibles factores moderadores y mediadores que influyen en la trayectoria de las experiencias depresivas impulsadas por esquemas. Asimismo, el enfoque longitudinal facilita la evaluación de las diferencias individuales en la susceptibilidad al malestar relacionado con los esquemas, los factores de resiliencia y la eficacia de las intervenciones para modificar las estructuras cognitivas desadaptativas. Estos estudios también ofrecen información crucial sobre la estabilidad de los esquemas, explorando si ciertos esquemas persisten o se transforman con el tiempo y su impacto diferencial en la cronicidad y la gravedad de los síntomas depresivos. La investigación longitudinal dilucida la relación bidireccional entre los esquemas y la depresión, desentrañando cómo la persistencia de esquemas desadaptativos puede perpetuar un ciclo de vulnerabilidad a episodios depresivos recurrentes. Además, al examinar la influencia de los factores estresantes ambientales, los acontecimientos vitales y las estrategias de afrontamiento en la interacción entre los esquemas y la depresión, los estudios longitudinales proporcionan una comprensión matizada de los factores contextuales que configuran la trayectoria del bienestar psicológico. Los hallazgos de los estudios longitudinales tienen implicaciones significativas para la práctica clínica, ya que fundamentan el desarrollo de intervenciones dirigidas a interrumpir el ciclo esquema negativo-depresión. Estos conocimientos guían la implementación de planes de tratamiento personalizados, adaptados a los perfiles específicos de esquemas y su impacto en la sintomatología depresiva. Asimismo, la investigación longitudinal ayuda a predecir el pronóstico de individuos con distintas configuraciones de esquemas, fomentando la identificación temprana de poblaciones de alto riesgo y la aplicación de medidas preventivas oportunas. A través de una exploración multifacética de las consecuencias a largo plazo de los esquemas sobre la depresión, los estudios longitudinales aportan datos invaluables al campo de la psicología clínica, orientando estrategias basadas en evidencia para optimizar los resultados de salud mental.

7. Integración de evaluaciones multimodales en la práctica:

En el ámbito de la práctica clínica, la evaluación y valoración de los esquemas desadaptativos se ha basado tradicionalmente en una única modalidad, como las medidas de autoinforme o los cuestionarios estandarizados. Sin embargo, en el panorama actual de la evaluación psicológica se reconoce cada vez más la necesidad de enfoques integrados y multimodales para captar los matices del impacto de los esquemas.

La integración de evaluaciones multimodales implica la convergencia de diversas herramientas y técnicas de evaluación, incluyendo, entre otras, medidas de autoinforme, observaciones conductuales, pruebas neurocognitivas e indicadores psicofisiológicos. Al aprovechar las ventajas de múltiples modalidades, los profesionales clínicos pueden obtener una perspectiva más integral y holística sobre la naturaleza y el alcance de los esquemas desadaptativos en las personas. Por ejemplo, si bien las medidas de autoinforme pueden capturar experiencias subjetivas y sistemas de creencias, las observaciones conductuales pueden proporcionar información valiosa sobre cómo se manifiestan estos esquemas en situaciones de la vida real, enriqueciendo así la evaluación general.

Por otro lado, la integración de evaluaciones multimodales permite la validación cruzada y la triangulación de datos, lo que mejora la robustez y la fiabilidad del proceso de evaluación. Al corroborar los hallazgos en diferentes modalidades, los profesionales clínicos pueden mitigar las limitaciones asociadas con las evaluaciones monométodo, lo que fomenta una mayor confianza en la precisión diagnóstica y la planificación del tratamiento. Además, la multidimensionalidad que ofrecen las evaluaciones multimodales permite la identificación de patrones e intersecciones únicos que, de otro modo, podrían pasar desapercibidos en las evaluaciones unimodales, lo que facilita una comprensión más matizada de la dinámica de los esquemas.

Más allá de la utilidad diagnóstica, la integración de evaluaciones multimodales ofrece perspectivas prometedoras para intervenciones personalizadas y específicas. Al comprender las diversas dimensiones a través de las cuales operan los esquemas desadaptativos, los profesionales clínicos pueden adaptar las estrategias de tratamiento para abordar las manifestaciones y desencadenantes específicos identificados mediante el proceso de evaluación integrada. Este enfoque individualizado contribuye a optimizar los resultados terapéuticos, ya que alinea las intervenciones con la naturaleza multifacética de la patología de los esquemas.

8. Tecnologías emergentes en la evaluación de esquemas:

Los avances tecnológicos han influido significativamente en el campo de la evaluación de esquemas, ofreciendo enfoques innovadores para mejorar la evaluación y la comprensión de estos en entornos clínicos. Una tecnología emergente destacada es la realidad virtual, una herramienta que ha demostrado un potencial prometedor para capturar y simular situaciones reales y evaluar los procesos cognitivos y las respuestas emocionales de las personas. Las evaluaciones basadas en realidad virtual proporcionan un entorno controlado donde las personas pueden enfrentarse e interactuar con situaciones que desencadenan sus esquemas desadaptativos, lo que permite a los profesionales sanitarios observar y analizar sus reacciones cognitivas y emocionales en un contexto realista. Esta experiencia inmersiva ofrece información valiosa sobre los desencadenantes y patrones de pensamiento específicos asociados a diversos esquemas, lo que en última instancia facilita la formulación de estrategias de intervención específicas. Además, el uso de inteligencia artificial y algoritmos de aprendizaje automático ha abierto nuevas vías para el análisis de grandes conjuntos de datos con el fin de identificar patrones y asociaciones relacionados con la activación de esquemas y su impacto en los estados depresivos. Al aprovechar las herramientas basadas en inteligencia artificial, investigadores y profesionales sanitarios pueden comprender mejor la compleja interacción entre los esquemas y la depresión, lo que conduce a enfoques terapéuticos más personalizados y eficaces. Además, las aplicaciones de salud móvil (mHealth) se han convertido en herramientas prácticas para la monitorización continua de esquemas y la autoevaluación fuera del ámbito clínico. Estas aplicaciones intuitivas permiten a las personas monitorizar sus fluctuaciones de humor, distorsiones cognitivas y desencadenantes de esquemas desadaptativos en tiempo real, proporcionando datos valiosos para que los profesionales clínicos comprendan mejor las experiencias de sus pacientes y adapten las intervenciones en consecuencia. Asimismo, las técnicas de neuroimagen, como la resonancia magnética funcional y la electroencefalografía, han mejorado nuestra comprensión de los correlatos neuronales entre los esquemas y la depresión. Estas tecnologías permiten la observación y medición directa de la actividad cerebral asociada a la activación de esquemas, lo que arroja luz sobre los procesos neurológicos subyacentes a la sintomatología depresiva. La incorporación de estas neurotecnologías en la evaluación de esquemas mejora la objetividad y precisión de las evaluaciones, facilitando una comprensión más completa de las bases neurobiológicas de los esquemas desadaptativos. A medida que investigadores y profesionales clínicos continúan explorando e integrando estas tecnologías emergentes en la evaluación de esquemas, la colaboración continua con los tecnólogos y las consideraciones éticas son imprescindibles para garantizar el uso responsable y juicioso de estas herramientas en la práctica clínica.

ESTUDIOS QUE RESPALDAN LA TEORÍA COGNITIVA

Estudios pioneros y evidencia fundacional

El establecimiento de la teoría cognitiva para la comprensión y el tratamiento de la depresión se vio respaldado por una serie de estudios pioneros que aportaron evidencia fundamental de su eficacia. Las primeras investigaciones, en particular las dirigidas por Aaron Beck y sus colegas, buscaron delinear los distintos procesos cognitivos implicados en el desarrollo y el mantenimiento de la sintomatología depresiva. Estos estudios fundamentales sentaron las bases para posteriores investigaciones empíricas y continúan moldeando la comprensión contemporánea de la depresión. Al examinar sistemáticamente los patrones cognitivos que presentan las personas con trastornos depresivos, los investigadores pudieron identificar distorsiones del pensamiento y creencias disfuncionales específicas que caracterizan esta condición. La meticulosa documentación y el análisis de estos fenómenos cognitivos no solo validaron el marco teórico propuesto por Beck, sino que también sentaron las bases para la validación empírica en investigaciones posteriores.

Los estudios pioneros en esta área contribuyeron a la conceptualización de los esquemas cognitivos y su papel en la interpretación individual de las experiencias y los acontecimientos. Mediante la experimentación rigurosa y la observación clínica, los investigadores lograron delinear las estructuras cognitivas que sustentan el pensamiento depresivo, dilucidando así la interacción entre la cognición y los estados emocionales. Estas primeras investigaciones también enfatizaron la necesidad de enfoques de evaluación multifacéticos que integren medidas de autoinforme, observaciones conductuales y evaluaciones cognitivas para comprender de forma exhaustiva el panorama cognitivo de la depresión. La confluencia de estos diversos enfoques metodológicos reforzó la credibilidad de la teoría cognitiva y sentó una base sólida para la investigación posterior en este ámbito.

Los estudios pioneros aportaron información crucial sobre el impacto de las intervenciones cognitivas en el alivio de los síntomas depresivos. Mediante protocolos experimentales meticulosamente diseñados, los investigadores demostraron la eficacia de las técnicas de reestructuración cognitiva para mejorar los patrones de pensamiento desadaptativos y reducir el malestar depresivo. Estas demostraciones empíricas no solo reafirmaron los principios centrales de la teoría cognitiva, sino que también allanaron el camino para el desarrollo de intervenciones cognitivo-conductuales que se han convertido en parte integral de las prácticas terapéuticas contemporáneas. La profundidad y amplitud de la evidencia derivada de estos primeros estudios estableció un argumento convincente sobre el potencial terapéutico de abordar las distorsiones cognitivas en el tratamiento de la depresión, impulsando así un cambio de paradigma en las estrategias de intervención psicológica.

Análisis longitudinales de la sintomatología depresiva

Los análisis longitudinales de la sintomatología depresiva proporcionan información invaluable sobre la trayectoria y la persistencia de los patrones cognitivos asociados con la depresión. Estos estudios suelen abarcar períodos prolongados, captando la naturaleza dinámica de las experiencias de las personas con la depresión a lo largo del tiempo y arrojando luz sobre la compleja interacción entre los procesos cognitivos y los trastornos del estado de ánimo. Mediante el seguimiento longitudinal de fenómenos cognitivos como el pensamiento autocrítico, la rumiación y los esquemas negativos, los investigadores han podido discernir patrones de estabilidad, cambio y recurrencia en la sintomatología depresiva. Cabe destacar que la investigación longitudinal ha dilucidado la relación recíproca entre los patrones cognitivos y los síntomas depresivos, subrayando la influencia bidireccional: las distorsiones cognitivas contribuyen a estados depresivos sostenidos, mientras que la depresión prolongada puede reforzar y afianzar patrones cognitivos desadaptativos. Además, los análisis longitudinales ofrecen evidencia crucial sobre la secuencia temporal de los cambios cognitivos y las alteraciones del estado de ánimo, lo que permite una comprensión más profunda de cómo los procesos cognitivos preceden, coexisten y siguen a los períodos de depresión. Estas observaciones cronológicamente detalladas no solo nos permiten comprender la variación individual en las vulnerabilidades cognitivas, sino que también contribuyen a refinar los modelos teóricos de la depresión, en particular en el marco de la teoría cognitiva. Gracias a la abundante información recopilada mediante investigaciones longitudinales específicas, los investigadores han podido trazar trayectorias matizadas de cambio y persistencia cognitiva en diversas poblaciones, lo que ha generado valiosas implicaciones para la intervención y los enfoques terapéuticos personalizados.

Estudios transculturales y perspectivas globales

Los estudios transculturales aportan información valiosa sobre la manifestación, la experiencia y la interpretación de los síntomas depresivos en diversas sociedades y grupos étnicos. Al comparar y contrastar la prevalencia, los síntomas y la etiología de la depresión en diferentes contextos culturales, los investigadores han identificado tanto puntos en común como variaciones distintivas que enriquecen nuestra comprensión de esta compleja enfermedad mental.

Un aspecto fundamental que se examina en los estudios transculturales es la expresión de los síntomas depresivos. Si bien algunas manifestaciones son comunes en todas las culturas, como los sentimientos de tristeza y desesperanza, otras pueden verse influenciadas por las normas y valores culturales. Por ejemplo, en culturas individualistas, puede haber un mayor énfasis en la angustia personal, mientras que, en culturas colectivistas, la interconexión y la dinámica familiar pueden desempeñar un papel más significativo en la expresión de los síntomas depresivos. Comprender estos matices es fundamental para desarrollar herramientas de evaluación e intervenciones culturalmente sensibles.

Además, los estudios transculturales arrojan luz sobre el impacto de los factores sociales y ambientales en la prevalencia y la evolución de la depresión. Las disparidades socioeconómicas, la discriminación, el estrés por aculturación y el acceso a recursos de salud mental pueden influir significativamente en la experiencia y el manejo de la depresión en diferentes entornos culturales. Al examinar estos factores, los investigadores pueden identificar los desafíos únicos que enfrentan las personas de diversos orígenes y proponer estrategias personalizadas para abordar las disparidades en los resultados de salud mental.

Las perspectivas globales sobre la depresión abarcan una exploración de las creencias culturales, las tradiciones y las conductas de búsqueda de ayuda relacionadas con la salud mental. El estigma que rodea a las enfermedades mentales, los diferentes modelos explicativos de la depresión y las actitudes hacia el tratamiento profesional contribuyen a la construcción cultural de la depresión. Comparar cómo las distintas culturas perciben y responden a la depresión permite una comprensión más matizada de la compleja interacción entre las influencias socioculturales y las prácticas de salud mental.

Enfoques cuantitativos en la recopilación de pruebas

Mediante el uso de herramientas de medición precisas y análisis estadísticos, los investigadores han podido cuantificar el impacto de los procesos cognitivos en la sintomatología depresiva. Un método cuantitativo clave es el uso de cuestionarios de autoinforme como el Inventario de Depresión de Beck (BDI) y la Escala de Hamilton para la Depresión (HAM-D). Estos instrumentos estandarizados proporcionan una evaluación objetiva de los síntomas depresivos y permiten realizar comparaciones entre diferentes poblaciones e intervenciones terapéuticas.

Los diseños experimentales, incluidos los ensayos controlados aleatorizados (ECA), han sido fundamentales para examinar la eficacia de la terapia cognitiva en la reducción de los síntomas depresivos. Los ECA proporcionan un marco riguroso para evaluar la eficacia de las intervenciones cognitivas en comparación con condiciones de control, estableciendo relaciones causales entre la intervención y la mejora de los síntomas. Además, mediante el uso de medidas de resultados como las tasas de remisión y la reducción de las recaídas, los datos cuantitativos de los ECA ofrecen información valiosa sobre el impacto a largo plazo de los enfoques cognitivos.

Además, los avances tecnológicos han permitido el desarrollo de metodologías cuantitativas innovadoras en el estudio de la teoría cognitiva de la depresión. Las técnicas de neuroimagen, como la resonancia magnética funcional y la electroencefalografía, han permitido a los investigadores observar los correlatos neuronales de los procesos cognitivos implicados en la depresión. Al cuantificar los patrones de actividad cerebral y mapear los circuitos neuronales, estos estudios han aportado respaldo empírico a la implicación de los mecanismos cognitivos en la etiología y el mantenimiento de los síntomas depresivos.

Es importante destacar que las revisiones metaanalíticas han sintetizado datos cuantitativos de múltiples estudios, lo que permite una visión general completa de la evidencia que respalda la teoría cognitiva. Los metaanálisis agregan la magnitud del efecto en diversas investigaciones, lo que proporciona un análisis estadístico sólido de los hallazgos colectivos. Mediante enfoques metaanalíticos, los investigadores han podido cuantificar la magnitud de la asociación entre las variables cognitivas y la depresión, lo que ha permitido comprender mejor el impacto general de los factores cognitivos en el contexto de la depresión.

Perspectivas cualitativas a partir de casos de estudio de pacientes

Los conocimientos cualitativos obtenidos a partir de casos de estudio exhaustivos de pacientes constituyen una fuente invaluable de información contextual rica que contribuye significativamente a la validación y el perfeccionamiento de la teoría cognitiva en la depresión. Mediante un examen y análisis minucioso de las experiencias, emociones y procesos de pensamiento individuales, los investigadores acceden a una comprensión con matices que a menudo se ve oscurecida por los enfoques cuantitativos únicamente. Estos conocimientos aportan una dimensión humanizadora a los datos empíricos, ofreciendo una visión de la realidad vivida por quienes lidian con síntomas depresivos. Las narrativas de los pacientes revelan la interacción entre patrones cognitivos, estados afectivos y manifestaciones conductuales, arrojando luz sobre la naturaleza profundamente personal y subjetiva de la depresión.

Al profundizar en casos específicos, los investigadores pueden dilucidar las formas idiosincrásicas en que las distorsiones cognitivas operan en diversas poblaciones, lo que explica las variaciones en la manifestación de los síntomas y la respuesta al tratamiento. La exploración cualitativa de estos matices no solo refuerza la base teórica de la teoría cognitiva, sino que también orienta la adaptación de las intervenciones terapéuticas para adaptarlas mejor a las diferencias y necesidades individuales. Además, permite identificar posibles discrepancias o incongruencias dentro de los principios existentes de la teoría cognitiva, lo que impulsa la reevaluación y el perfeccionamiento cuando sea necesario.

Los casos de estudio de pacientes brindan la oportunidad de capturar las trayectorias dinámicas de las experiencias depresivas, abarcando los altibajos que caracterizan la realidad vivida de las personas a lo largo del tiempo. Por lo tanto, complementan y enriquecen las perspectivas instantáneas derivadas de los análisis cuantitativos transversales, ofreciendo perspectivas longitudinales que facilitan una comprensión más integral de la naturaleza compleja de la depresión. A través de relatos detallados de las experiencias de los pacientes, los investigadores pueden discernir el impacto de la reestructuración cognitiva, las intervenciones a nivel de esquemas y las estrategias cognitivo-conductuales en la remodelación de las perspectivas y experiencias emocionales de las personas. Esta perspectiva cualitativa revela las complejidades que subyacen a los avances y retrocesos terapéuticos, profundizando así en la comprensión de los mecanismos a través de los cuales la teoría cognitiva ejerce su influencia. También dilucida la naturaleza multifacética de la resiliencia y las estrategias de afrontamiento empleadas por las personas en su lucha contra los patrones cognitivos depresivos.

Revisiones metaanalíticas y sus conclusiones

Las revisiones metaanalíticas desempeñan un papel crucial en la síntesis del amplio corpus de evidencia sobre la teoría cognitiva de la depresión. Mediante la agregación sistemática y el análisis estadístico de numerosos estudios, los metaanálisis proporcionan una visión general completa del respaldo empírico de los modelos cognitivos de los trastornos depresivos.

Mediante metodologías rigurosas, los investigadores metaanalíticos evalúan la consistencia y la solidez de las asociaciones entre las variables cognitivas y los síntomas depresivos en diversas poblaciones y entornos. Al examinar una amplia gama de estudios primarios, los metaanálisis facilitan la identificación de patrones comunes, disparidades y posibles moderadores en la literatura existente.

Las conclusiones extraídas de las revisiones metaanalíticas a menudo confirman el impacto sustancial de los factores cognitivos en la aparición, el mantenimiento y la recurrencia de la depresión. Destacan la solidez de las distorsiones cognitivas, los esquemas desadaptativos y el procesamiento disfuncional de la información como factores que contribuyen al desarrollo y la exacerbación de los síntomas depresivos.

Los hallazgos metaanalíticos arrojan luz sobre el potencial valor predictivo de las variables cognitivas para identificar a las personas con riesgo de episodios depresivos. Al dilucidar la magnitud de estas asociaciones, los metaanálisis ofrecen información sobre la importancia relativa de diversos constructos cognitivos y sus diferentes contribuciones a la progresión de la depresión.

Además, las revisiones metaanalíticas han contribuido a abordar hallazgos contradictorios y resolver discrepancias teóricas dentro del marco cognitivo. Mediante análisis de subgrupos y pruebas de sensibilidad, estas evaluaciones sistemáticas ayudan a esclarecer cuándo y bajo qué circunstancias las teorías cognitivas poseen un poder explicativo significativo para comprender la psicopatología depresiva.

La convergencia de hallazgos en diferentes contextos culturales y grupos demográficos subraya la relevancia transversal de los mecanismos cognitivos en la configuración de la experiencia de la depresión. Las síntesis metaanalíticas aportan evidencia contundente que respalda la universalidad de los temas cognitivos, a la vez que reconocen los matices que pueden surgir en contextos socioculturales específicos.

Correlaciones con datos neurobiológicos

En los últimos años, ha aumentado el interés por comprender los fundamentos neurobiológicos de las teorías cognitivas de la depresión, en particular en relación con el destacado trabajo de Aaron Beck. Diversos estudios se han centrado en identificar correlatos neuronales que puedan alinearse con los procesos cognitivos implicados en la sintomatología depresiva, ofreciendo valiosas perspectivas sobre los posibles fundamentos biológicos de estos fenómenos cognitivos. Los avances en las técnicas de neuroimagen, como la resonancia magnética funcional y la tomografía por emisión de positrones, han permitido a los investigadores explorar los circuitos neuronales asociados con las funciones cognitivas relevantes para la depresión. Estas investigaciones han revelado interesantes asociaciones entre sesgos cognitivos, como la interpretación negativa y los sesgos atencionales, y alteraciones en las regiones cerebrales implicadas en el procesamiento emocional, como la amígdala, la corteza prefrontal y la corteza cingulada anterior. Además, se ha buscado dilucidar el impacto de la cognición en la función neuroendocrina y los sistemas de neurotransmisores implicados en la regulación del estado de ánimo. El estudio de la desregulación del eje hipotálamo-hipofisario-adrenal (HHA) y las anomalías en la señalización de serotonina y dopamina ha señalado posibles mecanismos por los cuales los patrones cognitivos podrían influir en las vías neurobiológicas vinculadas a la depresión. Además, la investigación ha explorado la interacción entre los factores genéticos y la vulnerabilidad cognitiva, arrojando luz sobre las interacciones gen-ambiente que podrían contribuir al desarrollo y mantenimiento de los estilos cognitivos depresivos. La integración de los hallazgos de las investigaciones neurobiológicas con la teoría cognitiva proporciona una plataforma para una comprensión más completa de la naturaleza multifacética de la depresión. Al descubrir los sustratos neuronales que sustentan los procesos cognitivos, los médicos e investigadores pueden refinar los enfoques terapéuticos existentes y desarrollar nuevas intervenciones dirigidas a los componentes cognitivos y neurobiológicos de la depresión. Esta perspectiva integrada es prometedora para el avance de los tratamientos personalizados y para abordar la interacción entre los mecanismos cognitivos, emocionales y fisiológicos en la depresión.

Integración con otras teorías psicológicas

La integración de la teoría cognitiva con otros modelos psicológicos representa una vía enriquecedora para nuestra comprensión de la depresión. Al conectar conceptos y principios entre diferentes marcos, investigadores y profesionales pueden desarrollar perspectivas más completas y matizadas sobre la naturaleza de los trastornos depresivos. Un área destacada de integración es la intersección de la teoría cognitiva con las teorías conductuales. La fusión de los enfoques cognitivo-conductuales ha dado lugar a intervenciones eficaces que abordan tanto los patrones de pensamiento desadaptativos como los ciclos conductuales perjudiciales. Esta combinación sinérgica reconoce la influencia recíproca entre la cognición y la conducta, allanando el camino para estrategias de tratamiento holístico que abordan las múltiples facetas de la depresión.

Una exploración de la teoría cognitiva en relación con las teorías psicodinámicas revela perspectivas fascinantes sobre la interacción de los procesos inconscientes y las estructuras cognitivas conscientes. Este esfuerzo integrador arroja luz sobre cómo las experiencias tempranas y las dinámicas interpersonales internalizadas contribuyen al desarrollo y mantenimiento de distorsiones cognitivas y esquemas negativos. Examinar la depresión desde esta perspectiva subraya la importancia de abordar los conflictos emocionales y los patrones relacionales subyacentes junto con la reestructuración cognitiva, abriendo nuevas dimensiones a las intervenciones terapéuticas.

La integración de la teoría cognitiva con perspectivas humanístico-existenciales ofrece un análisis profundo de las dimensiones filosóficas y existenciales de la depresión. Los dilemas existenciales en torno al significado, la libertad y el aislamiento se entrecruzan con el procesamiento cognitivo, moldeando las percepciones e interpretaciones que los individuos tienen de sus experiencias. La simbiosis de estos dos paradigmas reconoce el papel de la angustia existencial y la búsqueda de la autenticidad personal en la manifestación y resolución de la sintomatología depresiva, lo que impulsa un enfoque más profundo de los temas existenciales en el trabajo psicoterapéutico.

Además, la convergencia de la teoría cognitiva con los marcos socioecológicos amplía el alcance de la comprensión al dilucidar los factores socioambientales que influyen en los procesos cognitivos y los estados emocionales. Esta integración resalta las relaciones recíprocas entre la cognición individual y el contexto social más amplio, enfatizando el impacto de las normas sociales, los valores culturales y las dinámicas interpersonales en el desarrollo y la perpetuación de las cogniciones depresivas. Aquí surge una visión ampliada de la depresión, que abarca no solo las dinámicas intrapersonales, sino también las influencias contextuales, lo que exige intervenciones multifacéticas que aborden tanto los patrones cognitivos individuales como los factores estresantes ambientales.

CRÍTICAS Y CONTRAARGUMENTOS DE LA TEORÍA BECKIANA

Análisis de las limitaciones empíricas

La investigación empírica constituye la piedra angular de la investigación científica, proporcionando una base sólida para las teorías y sus aplicaciones prácticas. En el contexto de la crítica de la teoría cognitiva de la depresión de Beck, es esencial analizar las limitaciones empíricas que surgen de la investigación que respalda este marco.

Una limitación empírica notable reside en la naturaleza de las medidas de autoinforme que se utilizan habitualmente para evaluar las distorsiones cognitivas y los patrones de pensamiento negativos. Si bien estos instrumentos proporcionan información valiosa sobre las experiencias subjetivas de los individuos, son inherentemente susceptibles a sesgos de respuesta y podrían no captar con precisión la complejidad de los procesos cognitivos en la depresión. Además, la dependencia de las medidas de autoinforme plantea dificultades para generalizar los hallazgos en diversas poblaciones y contextos culturales, lo que pone de relieve la necesidad de herramientas de evaluación más robustas y culturalmente sensibles.

Otro aspecto crucial se refiere a la excesiva dependencia de los estudios correlacionales para dilucidar la relación entre los procesos cognitivos y los síntomas depresivos. Los diseños correlacionales, si bien son informativos, no establecen relaciones causales entre los factores cognitivos y la depresión, lo que limita la capacidad de inferir implicaciones directas para las intervenciones terapéuticas. Los estudios longitudinales y los diseños experimentales son imprescindibles para discernir la dinámica temporal y causal que subyace a los procesos cognitivos en la depresión, lo que representa un área crítica para el perfeccionamiento metodológico.

La mayoría de los estudios empíricos que sustentan la teoría de Beck se han centrado predominantemente en muestras de pacientes ambulatorios con síntomas depresivos leves a moderados, lo que plantea dudas sobre la generalización de los hallazgos a personas con depresión grave o resistente al tratamiento. Este sesgo en el muestreo dificulta la comprensión plena de la aplicabilidad de la teoría cognitiva en todo el espectro de trastornos depresivos, lo que impulsa la necesidad de una investigación inclusiva que abarque diversas presentaciones clínicas.

La escasez de marcadores neurobiológicos y medidas objetivas vinculadas a los procesos cognitivos en la depresión plantea un importante desafío empírico. Si bien las teorías cognitivas enfatizan la interacción entre pensamientos, emociones y comportamientos, la integración de datos neurobiológicos es fundamental para comprender a fondo los mecanismos subyacentes. La limitada integración de enfoques neurocientíficos en la validación de constructos cognitivos subraya la necesidad de colaboraciones interdisciplinarias para superar esta brecha empírica.

Desafíos conceptuales y teorías alternativas

A medida que los profesionales continúan profundizando en las complejidades de la sintomatología depresiva, han surgido diversos desafíos y perspectivas alternativas que merecen una consideración profunda. Un desafío notable se relaciona con la cuestión de si las distorsiones cognitivas representan el factor causal principal de la depresión o si son sintomáticas de procesos subyacentes más profundos. Los críticos argumentan que, si bien las distorsiones cognitivas pueden contribuir al mantenimiento de los estados depresivos, no necesariamente son la causa raíz. Esto plantea preguntas fundamentales sobre la direccionalidad de la relación entre la cognición y el estado de ánimo, dirigiendo la atención hacia marcos etiológicos más amplios.

Al explorar teorías alternativas, los investigadores han examinado la interacción de factores biológicos, ambientales y socioculturales en la configuración de las experiencias individuales de depresión. El modelo de diátesis-estrés, por ejemplo, postula que ciertas predisposiciones interactúan con factores estresantes externos, lo que conduce a la aparición de síntomas depresivos. Este marco teórico amplía el alcance más allá de los procesos cognitivos, destacando la naturaleza multifacética de los trastornos psicológicos.

La perspectiva psicodinámica ofrece una perspectiva alternativa para comprender los fenómenos depresivos. Quienes la defienden subrayan la importancia de los conflictos inconscientes, las experiencias tempranas y las dinámicas interpersonales en el bienestar emocional de una persona. Este enfoque cuestiona el énfasis exclusivo en el contenido cognitivo superficial, instando a los investigadores a explorar los mecanismos subconscientes y los patrones relacionales que pueden sustentar las manifestaciones depresivas.

Los recientes avances en neurociencia han revitalizado el debate sobre las bases neurobiológicas de la depresión. La investigación ha dilucidado las complejas interconexiones entre los circuitos neuronales, la función de los neurotransmisores y la regulación afectiva, arrojando luz sobre posibles correlatos neuronales de la sintomatología depresiva. Esta perspectiva neurobiológica invita a una exploración matizada de los determinantes biológicos de las enfermedades mentales, proporcionando un marco complementario a las teorías cognitivas.

El papel de los factores culturales en la teoría cognitiva

Comprender cómo los elementos culturales se entrelazan con la teoría cognitiva es esencial para brindar intervenciones eficaces y culturalmente sensibles a personas de diversos orígenes. Es fundamental reconocer que la cognición en sí misma se ve influenciada por las normas culturales, los valores, las creencias y las expectativas sociales.

Una de las principales consideraciones desde la perspectiva cultural es el impacto del colectivismo frente al individualismo. Las culturas que priorizan el colectivismo, donde la comunidad y la interconexión son primordiales, pueden percibir y expresar los síntomas depresivos de forma diferente a las culturas que enfatizan el individualismo. Por ejemplo, las personas de culturas colectivistas pueden ser más propensas a describir sus experiencias depresivas en términos relacionales, como sentirse una carga para su familia o no cumplir con las expectativas comunitarias, mientras que las de culturas individualistas pueden centrarse más en el logro personal o la autonomía como fuentes de angustia.

Las diferencias culturales pueden influir en la interpretación y la experiencia de las distorsiones cognitivas. Por ejemplo, ciertas distorsiones cognitivas identificadas en la teoría de Beck, como la personalización o la inferencia arbitraria, pueden manifestarse de forma diferente según el contexto cultural. De igual manera, el contenido y los temas de los esquemas desadaptativos pueden variar entre culturas, lo que refleja las dinámicas sociales, familiares e interpersonales específicas que prevalecen en cada entorno cultural.

Otro aspecto crucial es el papel del estigma y las conductas de búsqueda de ayuda. Las actitudes culturales hacia la salud mental, el estigma asociado con el malestar psicológico y la percepción de la búsqueda de ayuda profesional influyen significativamente en el reconocimiento y el manejo de los síntomas depresivos. En algunas culturas, buscar apoyo en salud mental puede estar estigmatizado o considerarse un signo de debilidad, lo que lleva a las personas a subestimar sus síntomas o a atribuirlos a dolencias físicas. Estos matices culturales tienen implicaciones para la identificación y el tratamiento de la depresión dentro del paradigma cognitivo.

Además, el lenguaje y los estilos de expresión pueden influir en la comunicación de las experiencias depresivas. Traducir las técnicas y conceptos de la terapia cognitiva a diferentes idiomas y adaptarlos para que resuenen con los diversos matices lingüísticos y culturales es fundamental para una implementación eficaz. Asimismo, la competencia cultural y la humildad entre los profesionales son vitales para establecer una buena relación y fomentar la confianza con clientes de diversos orígenes culturales.

Críticas desde el marco neurobiológico

El análisis de la teoría cognitiva de Beck desde la perspectiva del marco neurobiológico proporciona una comprensión integral de sus limitaciones y desafíos. Esta crítica se centra en desentrañar cómo se entrelazan los fundamentos biológicos de la depresión con el modelo cognitivo, arrojando luz sobre la compleja interacción entre factores genéticos, neuronales y ambientales. Mientras que la teoría cognitiva enfatiza la centralidad de los patrones de pensamiento disfuncionales en la etiología y el mantenimiento de la depresión, las críticas neurobiológicas cuestionan los errores cometidos al descuidar el funcionamiento del cerebro y su impacto en los procesos afectivos.

Un aspecto crucial reside en los mecanismos de los neurotransmisores y sus perturbaciones en los trastornos del estado de ánimo. La hipótesis de la serotonina, por ejemplo, se ha estudiado ampliamente en el contexto de la depresión, lo que plantea dudas sobre la simplificación excesiva de atribuir los síntomas depresivos únicamente a distorsiones cognitivas, ignorando el papel de la desregulación de los neurotransmisores. Además, estudios de neuroimagen han revelado alteraciones en estructuras cerebrales, como la corteza prefrontal y la amígdala, esenciales para la regulación emocional y el procesamiento cognitivo. Estos hallazgos justifican una exploración de cómo estas aberraciones neuronales interactúan con los patrones cognitivos, cuestionando el enfoque limitado de la teoría cognitiva.

Los defensores de la crítica neurobiológica abogan por una perspectiva más matizada que abarque la influencia bidireccional de la biología y la cognición. Si bien reconoce la importancia de los esquemas cognitivos en la interpretación de las experiencias, el marco neurobiológico aboga por la incorporación de mecanismos neuronales para modular estos procesos cognitivos. La naturaleza entrelazada de las predisposiciones biológicas y las valoraciones cognitivas subraya la necesidad de una comprensión holística que trascienda el énfasis exclusivo en los pensamientos y las creencias.

El floreciente campo de la epigenética introduce una nueva dimensión a la crítica, destacando la transmisión intergeneracional de vulnerabilidades relacionadas con el estrés que permanecen sin abordar dentro de los límites de la teoría cognitiva. Esto exige un enfoque más amplio que abarque la heredabilidad de las modificaciones epigenéticas y su posible impacto en los patrones cognitivo-afectivos. Esta perspectiva ampliada no solo enriquece nuestra comprensión de la depresión, sino que también previene contra la subestimación de las complejidades de las interacciones entre genes y ambiente en la configuración de las vulnerabilidades individuales a la sintomatología depresiva.

Divergencias en la aplicación global

La aplicabilidad de la Teoría Cognitiva de la Depresión en diversos contextos culturales ha generado un considerable debate y un escrutinio crítico en el campo de la psicología. La globalización de las teorías psicológicas plantea un desafío inherente debido a las variaciones en las normas culturales, los valores y las expresiones de angustia.

Una de las principales preocupaciones se refiere a la validez transcultural de las distorsiones y esquemas cognitivos postulados en la teoría de Beck. Si bien la evidencia empírica proviene principalmente de poblaciones occidentales, la transposición de estos constructos a sociedades no occidentales plantea preguntas pertinentes sobre hasta qué punto reflejan los matices de las experiencias depresivas en diferentes contextos culturales. Esto requiere una reevaluación de los fundamentos teóricos, en particular respecto a la universalidad de los procesos cognitivos implicados en la depresión.

Las diversas percepciones culturales sobre las conductas de búsqueda de ayuda y la estigmatización de la salud mental agravan los desafíos en la aplicación global de intervenciones cognitivas para la depresión. La aceptación y la eficacia de la terapia cognitiva pueden variar significativamente entre culturas, lo que subraya la necesidad de adaptar los enfoques terapéuticos a las necesidades culturales. Esto exige un análisis más inclusivo de los determinantes socioculturales de la depresión y las adaptaciones correspondientes en la aplicación de las intervenciones cognitivas.

La divergencia en la aplicación global también se manifiesta en la traducción y adaptación de los protocolos de terapia cognitiva. Los matices lingüísticos y las expresiones idiomáticas representan obstáculos considerables para garantizar la transmisión precisa y fiel del contenido terapéutico. Los modismos culturales de angustia y las conceptualizaciones localizadas de las emociones generan aún más complejidad en la difusión e implementación efectiva de estrategias cognitivas para la depresión.

Más allá de las consideraciones lingüísticas, los contextos socioecológicos en los que las personas experimentan depresión influyen considerablemente en la utilidad y la relevancia de las intervenciones cognitivas. Las disparidades socioeconómicas, el clima político y el acceso a los recursos de salud mental influyen profundamente en la manifestación y el manejo de la depresión. Por consiguiente, la difusión global de la teoría cognitiva requiere congruencia contextual para abordar las diversas capas de influencias culturales, sociales y económicas que influyen en la depresión.

Reevaluación de las cogniciones en la depresión grave

La depresión grave presenta un panorama complejo para el enfoque de la teoría cognitiva. En casos graves, la comprensión tradicional de las distorsiones cognitivas y las creencias disfuncionales puede no captar plenamente la profundidad y amplitud de las experiencias internas del individuo.

Al afrontar una depresión severa, las personas suelen experimentar una abrumadora sensación de desesperanza, un profundo autodesprecio y una desesperación debilitante. Al explorar sus cogniciones, se hace evidente que sus patrones de pensamiento encierran una visión negativa generalizada y persistente de la vida, de sí mismos y del futuro. Sin embargo, el modelo cognitivo tradicional puede no ser suficiente para encapsular la naturaleza intensa y generalizada de estas cogniciones negativas en la depresión severa.

Las personas con depresión grave suelen presentar patrones cognitivos que implican un pensamiento extremo y rígido, caracterizado por una mayor sensibilidad a la percepción de fracasos o rechazos. Estas características cognitivas pueden manifestarse en formas como la rumia, la autoinculpación constante y una culpa abrumadora, lo que alimenta el ciclo de desesperación y agrava la gravedad de la enfermedad. Al reexaminar estos procesos cognitivos, buscamos profundizar nuestra comprensión de la interacción entre la cognición y el malestar emocional en la depresión grave.

Es fundamental reconocer que las personas que experimentan depresión grave a menudo padecen deterioro cognitivo que va más allá de patrones de pensamiento desadaptativos. Los déficits cognitivos, como las dificultades de concentración, los trastornos de la memoria y los problemas de la función ejecutiva, afectan significativamente el funcionamiento diario y exacerban la sensación de indefensión e inutilidad del individuo. Estos deterioros cognitivos contribuyen a la complejidad de la depresión grave, lo que requiere una revisión exhaustiva de las cogniciones en este contexto.

Síntesis de integraciones psicológicas y biológicas

En el ámbito de la teoría cognitiva y su aplicación a la depresión, un creciente número de investigaciones ha subrayado la necesidad de sintetizar las perspectivas psicológicas y biológicas. Esta fusión busca forjar una comprensión más integral de los fenómenos depresivos, abarcando no solo los procesos cognitivos, sino también su interacción con los fundamentos neurobiológicos. En el centro de esta búsqueda se encuentra el reconocimiento de que la mente y el cuerpo están inextricablemente vinculados y se influyen mutuamente de maneras multifacéticas.

La exploración de las integraciones psicológicas y biológicas requiere un enfoque interdisciplinario, basado en campos como la neurociencia, la psicología, la psiquiatría y la psicobiología. Al analizar las complejidades de la depresión, se hace evidente que los mecanismos cognitivos no operan de forma aislada, sino que se intersecan con vías neuronales, desequilibrios bioquímicos y predisposiciones genéticas. El análisis de estas intersecciones revela información valiosa sobre la etiología, la progresión y el tratamiento de los trastornos depresivos, arrojando luz sobre las sutiles interdependencias entre la cognición y la biología.

Si bien la teoría cognitiva ha enfatizado tradicionalmente el papel de los patrones de pensamiento desadaptativos en la configuración de las experiencias depresivas, un marco integrado amplía esta perspectiva para abarcar la red de desregulación de neurotransmisores, la neuroplasticidad y los cambios estructurales cerebrales que acompañan a la depresión. Además, reconoce la naturaleza bidireccional de los factores psicológicos y biológicos: cómo la cognición puede influir en la neurobiología y, a la inversa, cómo los procesos neurobiológicos pueden afectar el funcionamiento cognitivo y la regulación emocional. Esta interacción subraya la importancia de combinar las dimensiones psicológicas y biológicas para dilucidar la complejidad de la depresión.

Para operacionalizar esta síntesis, los investigadores han utilizado técnicas avanzadas de neuroimagen, como la resonancia magnética funcional y la tomografía por emisión de positrones, para investigar los correlatos neuronales de los procesos cognitivos implicados en la depresión. Estos estudios han desentrañado los sustratos neuronales de las distorsiones cognitivas, la rumiación y la activación de esquemas negativos, proporcionando una base empírica para la conexión entre la cognición y la función cerebral en estados depresivos. Simultáneamente, los estudios genéticos han profundizado en la heredabilidad de las vulnerabilidades cognitivas y su interacción con marcadores genéticos relacionados con los trastornos del estado de ánimo, revelando la interrelación de las predisposiciones genéticas y la dinámica cognitivo-afectiva.

El avance de la psiconeuroinmunología ha profundizado en la interconexión de las facetas psicológicas, neurológicas e inmunológicas de la depresión. La investigación en este campo ha puesto de manifiesto la influencia recíproca entre los patrones cognitivos relacionados con el estrés y la desregulación inmunitaria, ampliando nuestra comprensión de las ramificaciones sistémicas de la depresión. Estos avances culminan en una interpretación holística de la depresión, que trasciende las perspectivas reduccionistas al integrar la complejidad de los componentes cognitivos, neurológicos y fisiológicos. A través de esta síntesis, surgen nuevas vías de intervención terapéutica, que aprovechan la unidad de los conocimientos psicológicos y biológicos para diseñar tratamientos específicos que aborden simultáneamente las distorsiones cognitivas y las aberraciones neurobiológicas subyacentes.

DIRECCIONES FUTURAS Y OCASIONES DE INVESTIGACIÓN

Lagunas en la investigación actual

La investigación en el campo de los enfoques cognitivos para la depresión ha logrado avances significativos en la comprensión de los mecanismos subyacentes y las estrategias de tratamiento. Sin embargo, de cara al futuro, es crucial reconocer y abordar las lagunas existentes en la investigación actual. Una de las principales deficiencias reside en la necesidad de estudios longitudinales más exhaustivos que analicen la eficacia a largo plazo de las intervenciones cognitivas. Si bien numerosos estudios a corto plazo han demostrado los beneficios de la terapia cognitiva, existe escasez de investigaciones que examinen su impacto sostenido durante períodos prolongados, lo que plantea una grave brecha de conocimiento. Además, la mayoría de los estudios existentes se han realizado en entornos clínicos, lo que justifica la exploración de aplicaciones reales y su eficacia fuera de entornos controlados. Otra deficiencia relevante se refiere a la intersección de la teoría cognitiva con diversos contextos culturales. La mayor parte de la investigación se ha realizado en poblaciones occidentales, lo que limita la generalización de los hallazgos a diferentes grupos étnicos y culturales. Comprender cómo se manifiestan los enfoques cognitivos en diversos entornos culturales y adaptar las intervenciones en consecuencia es esencial para su relevancia y eficacia a nivel mundial. Asimismo, es necesario seguir investigando la posible integración de las técnicas cognitivas con tecnologías emergentes como la realidad virtual y la inteligencia artificial. Si bien los estudios iniciales han mostrado resultados prometedores, aún existe una brecha en la comprensión de las maneras óptimas de sinergizar los marcos cognitivos tradicionales con la tecnología innovadora. Además, explorar el papel de la neuroplasticidad y sus implicaciones para el perfeccionamiento de las intervenciones cognitivas representa una vía emocionante, aunque poco explorada.

Metodologías innovadoras para el avance de la teoría cognitiva

El avance de la teoría cognitiva exige la exploración de metodologías innovadoras que puedan ampliar los límites de los marcos tradicionales e impulsar el campo. Una vía prometedora para el avance de la teoría cognitiva reside en la integración de técnicas de neuroimagen, como la resonancia magnética funcional y la electroencefalografía, para profundizar nuestra comprensión de las bases neuronales de los procesos cognitivos en la depresión. Al aprovechar estas tecnologías, los investigadores pueden profundizar en el funcionamiento del cerebro y desentrañar los circuitos neuronales específicos implicados en las distorsiones cognitivas y los esquemas desadaptativos, arrojando luz sobre los mecanismos subyacentes de la sintomatología depresiva.

Por otro lado, el uso de modelos estadísticos avanzados y algoritmos de aprendizaje automático ofrece un inmenso potencial para la extracción de grandes conjuntos de datos e identificación de patrones complejos en procesos cognitivos que anteriormente podrían haber sido indetectables. Estos modernos enfoques computacionales pueden ayudar a descubrir matices y correlaciones sutiles, proporcionando una comprensión más completa y detallada del funcionamiento cognitivo en la depresión. Además, la integración de la tecnología de realidad virtual presenta una novedosa oportunidad para simular escenarios reales e inducir desafíos cognitivos en un entorno controlado, ofreciendo una plataforma única para explorar sesgos y esquemas cognitivos en un entorno inmersivo.

Otra metodología innovadora consiste en la incorporación de la evaluación ecológica momentánea (EMA) y la monitorización ambulatoria mediante aplicaciones para smartphones, dispositivos portátiles e intervenciones ecológicas momentáneas (EMI). Este enfoque permite el seguimiento en tiempo real de los procesos cognitivos y estados emocionales de las personas en sus entornos naturales, lo que permite una evaluación dinámica y ecológicamente válida de los patrones cognitivos y los procesos de pensamiento desadaptativos a medida que se desarrollan en la vida cotidiana. Además, allana el camino para intervenciones personalizadas que pueden adaptarse a los perfiles cognitivos individuales y a las fluctuaciones del estado de ánimo.

El floreciente campo de la psiquiatría computacional ofrece una rica fuente de metodologías innovadoras, que integran principios de la informática, las matemáticas y la neurociencia para construir modelos computacionales que dilucidan los mecanismos subyacentes que rigen la disfunción cognitiva en la depresión. Estos modelos no solo pueden proporcionar información sobre la etiología de los trastornos cognitivos, sino que también ofrecen un marco para diseñar intervenciones específicas que aborden déficits cognitivos específicos.

La integración de la tecnología en los marcos cognitivos tradicionales

En el panorama en rápida evolución de las intervenciones de salud mental, la convergencia de la tecnología y los marcos cognitivos tradicionales constituye un punto de interés fundamental. La integración de la tecnología en las modalidades terapéuticas establecidas promete mejorar la accesibilidad, la personalización y la eficacia de los tratamientos para personas con depresión y otros trastornos psicológicos. Desde la aplicación de la realidad virtual para simular situaciones reales en la terapia de exposición hasta el desarrollo de aplicaciones móviles que facilitan el seguimiento continuo y la autogestión, los avances tecnológicos han ampliado las posibilidades de los enfoques cognitivos.

Una importante vía de exploración reside en el ámbito de la inteligencia artificial y el aprendizaje automático. Los algoritmos de IA pueden analizar grandes conjuntos de datos para identificar patrones y predecir respuestas individuales a intervenciones cognitivas específicas. Esto no solo permite a los profesionales sanitarios adaptar los planes de tratamiento a las necesidades y preferencias de cada paciente, sino que también ofrece información para perfeccionar los modelos cognitivos existentes. Además, la aparición de plataformas de telesalud ha redefinido la prestación de la terapia cognitiva, permitiendo a las personas acceder a intervenciones basadas en la evidencia de forma remota, eliminando así las barreras geográficas y abordando las disparidades en la accesibilidad a la atención de salud mental. En consecuencia, esta combinación de tecnología y marcos cognitivos tiene el potencial de ampliar el alcance de intervenciones eficaces a las poblaciones desatendidas.

Por otro lado, la llegada de dispositivos portátiles y tecnologías de sensores ofrece oportunidades para la monitorización en tiempo real de indicadores fisiológicos y conductuales. Al integrar estos flujos de datos con evaluaciones cognitivas, los profesionales pueden obtener una comprensión integral de las experiencias y el progreso de cada individuo, sentando así las bases para intervenciones más matizadas y adaptativas. Además, el uso de mecanismos de biorretroalimentación proporciona a los pacientes representaciones tangibles de sus estados psicológicos, fomentando una mayor autoconciencia y una participación activa en los procesos terapéuticos.

Sin embargo, la integración de la tecnología con los marcos cognitivos tradicionales exige una cuidadosa consideración de las cuestiones éticas, de privacidad y de seguridad. Garantizar la protección de la información sensible, preservar la autonomía del usuario y protegerse contra el posible uso indebido de los datos personales son requisitos esenciales para aprovechar al máximo el potencial de las innovaciones tecnológicas en el ámbito de la salud mental. Por ello, la colaboración entre tecnólogos, profesionales de la salud mental y especialistas en ética se vuelve imprescindible para trazar la trayectoria futura de esta fusión.

Colaboraciones interdisciplinarias y su impacto potencial

Las colaboraciones interdisciplinarias han cobrado cada vez mayor importancia en el campo de la terapia cognitiva, ya que investigadores y profesionales reconocen el valor de integrar los conocimientos de diversas disciplinas. Al fomentar la colaboración entre psicólogos, neurocientíficos, sociólogos y otros expertos relevantes, se puede lograr una comprensión más completa de la depresión y los enfoques cognitivos. Estas colaboraciones pueden dar lugar a metodologías de investigación innovadoras que combinan teorías cognitivas con datos empíricos de campos como la neurobiología, la sociología y la antropología. El impacto potencial de estas colaboraciones es significativo, ya que pueden mejorar la eficacia de la terapia cognitiva al incorporar una gama más amplia de perspectivas y perspectivas. Además, las colaboraciones interdisciplinarias pueden contribuir al desarrollo de enfoques terapéuticos más holísticos y personalizados, considerando la compleja interacción entre los procesos cognitivos, los factores sociales y los mecanismos biológicos. Asimismo, estas colaboraciones pueden facilitar la aplicación práctica de los hallazgos de la investigación, lo que conduce al desarrollo de intervenciones más específicas y eficaces para las personas que luchan contra la depresión. A través de las colaboraciones interdisciplinarias, los enfoques cognitivos también pueden beneficiarse de los avances en campos relacionados, como la inteligencia artificial y las tecnologías de salud digital. Esta combinación de ideas y técnicas tiene el potencial de revolucionar la prestación de la terapia cognitiva, haciéndola más accesible, adaptable y adaptada a las necesidades individuales. Además, las colaboraciones interdisciplinarias pueden abordar los factores culturales y sociales que influyen en la experiencia y la expresión de la depresión, lo que permite el desarrollo de estrategias terapéuticas culturalmente sensibles y contextualmente relevantes. Mediante la colaboración interdisciplinaria, el campo de la terapia cognitiva puede seguir evolucionando y mantenerse a la vanguardia de la innovación, beneficiando en última instancia a las personas afectadas por la depresión en todo el mundo.

Temas emergentes en la terapia cognitiva

El panorama de la terapia cognitiva está en constante evolución, dando lugar a temas emergentes que definen el futuro del tratamiento psicológico. Un tema emergente notable es la integración de técnicas de mindfulness en la terapia cognitiva. La sinergia entre mindfulness y la reestructuración cognitiva ha recibido una atención significativa en los últimos años, con sólida evidencia que respalda su eficacia para aliviar diversos problemas de salud mental, como la depresión y la ansiedad. Además, la incorporación de los principios de la psicología positiva en las intervenciones cognitivas representa una tendencia con visión de futuro. Al enfatizar las fortalezas, la resiliencia y el bienestar, los profesionales están preparados para promover la sanación holística y el crecimiento transformador en sus pacientes. Otro aspecto fundamental se refiere a la aplicación personalizada de estrategias cognitivas. La adaptación de las intervenciones a las diferencias individuales, como los rasgos de personalidad, los antecedentes culturales y los factores contextuales, subraya la adaptabilidad e inclusividad de la terapia cognitiva. Asimismo, la intersección de la neurociencia y la psicología cognitiva se presenta como una frontera atractiva. Los avances en neuroimagen y psicofisiología ofrecen conocimientos sin precedentes sobre los mecanismos subyacentes de los procesos cognitivos, lo que enriquece nuestra comprensión de las enfermedades mentales y perfecciona los tratamientos específicos. Además, es fundamental destacar el creciente papel de la tecnología en las intervenciones cognitivas. La terapia de exposición a la realidad virtual, las aplicaciones para smartphones para la monitorización del estado de ánimo y las plataformas de teleterapia demuestran la innovadora convergencia de las herramientas digitales con los marcos cognitivos tradicionales, lo que mejora la accesibilidad y la participación de diversas poblaciones. A medida que este campo se expande, las consideraciones éticas en torno al uso de la tecnología requieren una reflexión cuidadosa. Finalmente, la transición hacia enfoques transdiagnósticos marca un cambio paradigmático en la terapia cognitiva. Al reconocer la sintomatología superpuesta en los distintos trastornos, las intervenciones transdiagnósticas proporcionan un marco unificado para abordar patrones cognitivos comunes y dificultades de regulación emocional. Este enfoque inclusivo y simplificado tiene el potencial de optimizar la asignación de recursos y la eficiencia del tratamiento, marcando el inicio de una nueva era en la práctica basada en la evidencia. Los temas emergentes aclarados aquí subrayan el dinamismo inherente a la terapia basada en la cognición y presagian un futuro caracterizado por la innovación, la versatilidad y la atención centrada en el ser humano.

Desafíos y consideraciones éticas en la investigación futura

Uno de los principales desafíos para la investigación futura en el ámbito de los enfoques cognitivos es la necesidad de abordar consideraciones éticas complejas. A medida que este campo continúa evolucionando, los investigadores deben mantenerse atentos al cumplimiento de los estándares éticos para garantizar la seguridad y el bienestar de los participantes del estudio. Cuestiones como el consentimiento informado, la confidencialidad y el posible malestar psicológico deben abordarse concienzudamente durante todo el proceso de investigación. Además, la sensibilidad cultural de las técnicas e intervenciones cognitivas plantea una consideración ética importante. Garantizar que estos enfoques sean aplicables y respetuosos en diversos contextos culturales es imperativo para mantener la integridad ética. Otro desafío crucial reside en el uso responsable de la tecnología en la investigación. Con el avance de la inteligencia artificial y las plataformas digitales, los investigadores se enfrentan a dilemas éticos relacionados con la seguridad de los datos, la privacidad y la posibilidad de sesgos en las evaluaciones cognitivas basadas en la tecnología. Las implicaciones éticas del uso de la tecnología para realizar intervenciones cognitivas también requieren una cuidadosa deliberación, en particular en lo que respecta a la accesibilidad y la equidad. Asimismo, los investigadores deben abordar las ramificaciones éticas de la difusión de sus hallazgos. Defender los principios de transparencia, precisión e imparcialidad en la comunicación de los resultados de investigación es esencial para preservar la integridad del campo. Abordar los intereses comerciales y los conflictos de interés representa un desafío constante, que requiere esfuerzos deliberados para defender la ética de la investigación. Además, a medida que los enfoques cognitivos se expanden globalmente, las consideraciones éticas relacionadas con las colaboraciones transfronterizas, los derechos de propiedad intelectual y la distribución de recursos emergen como problemas complejos. Equilibrar la búsqueda de conocimiento con las responsabilidades éticas exige un enfoque matizado para gestionar estos desafíos. En definitiva, afrontar estos dilemas éticos y morales en la investigación futura es fundamental para fomentar un panorama confiable y socialmente responsable dentro de los enfoques cognitivos.

50 AFIRMACIONES DE LA TEORÍA BECKIANA DE LA DEPRESIÓN

Sobre el autoesquema negativo

Las personas deprimidas interpretan sus experiencias a través de una lente autocrítica.

Habitualmente se consideran inadecuados o indignos.

Las autoevaluaciones están dominadas por sentimientos de fracaso.

Las personas con depresión a menudo esperan el rechazo o la decepción.

Su esquema personal filtra la retroalimentación positiva.

Sobre la tríada cognitiva

La persona deprimida tiende a verse a sí misma negativamente.

Esperan que el mundo sea insolidario y castigador.

Creen que el futuro es poco prometedor.

Esta tríada refuerza los sentimientos de desesperanza.

Los cambios en cualquier elemento de la tríada pueden alterar el estado de ánimo.

Sobre los pensamientos automáticos

Los pensamientos negativos espontáneos surgen sin intención consciente.

Estos pensamientos son aceptados como hechos por el individuo deprimido.

Los pensamientos automáticos a menudo magnifican el fracaso y minimizan el éxito.

Ocurren en respuesta a acontecimientos cotidianos.

Tomar conciencia de estos pensamientos es fundamental para el cambio.

Sobre las distorsiones cognitivas

Generalizar excesivamente a partir de un único acontecimiento negativo.

Ver las situaciones en términos de blanco y negro.

Exagerar la probabilidad de resultados adversos.

Descontando los sucesos positivos como si fueran casualidades.

Personalizar eventos neutrales como fracasos personales.

Sobre las creencias y suposiciones negativas

Las personas deprimidas tienen reglas sobre cómo deben comportarse o ser tratadas.

Creencias como "no debo cometer errores" aumentan la angustia.

Las creencias fundamentales sobre la falta de amor alimentan la depresión.

Las suposiciones sobre el control y la autoestima mantienen el estado de ánimo negativo.

Cuestionar estas creencias es clave para la recuperación.

Sobre la desesperanza y la perspectiva de futuro

Una visión sombría del futuro predice la gravedad de la depresión.

Esperar que las dificultades continúen socava la motivación.

La desesperanza intensifica la autoevaluación negativa.

La creencia de que es poco probable que se produzca un cambio profundiza los síntomas depresivos.

Modificar las expectativas futuras puede reducir el pensamiento depresivo.

Sobre la relación entre el pensamiento y el estado de ánimo

La forma en que una persona interpreta los acontecimientos determina su respuesta emocional.

Cambiar los patrones de pensamiento puede cambiar los sentimientos.

Los pensamientos son los determinantes inmediatos del estado de ánimo.

Los pensamientos inútiles alimentan el dolor emocional.

La reestructuración cognitiva alivia el afecto depresivo.

Sobre las consecuencias conductuales de la cognición

El pensamiento negativo conduce al retraimiento y a la inactividad.

El bajo compromiso con actividades gratificantes sostiene la depresión.

El cambio cognitivo a menudo precede al cambio de comportamiento.

La conducta refuerza los patrones cognitivos.

Aumentar el comportamiento comprometido favorece el cambio cognitivo.

Sobre la terapia y los procesos de cambio

La terapia ayuda a identificar y probar creencias negativas.

El empirismo colaborativo fomenta el descubrimiento de puntos de vista alternativos.

El autocontrol aumenta la conciencia de los patrones de pensamiento.

Los experimentos de comportamiento prueban la precisión de las creencias.

El cambio cognitivo conduce al alivio de los síntomas.

Sobre la resiliencia y la prevención de recaídas

Reconocer los primeros signos de pensamiento negativo previene las recaídas.

Las habilidades cognitivas sostenidas apoyan la regulación del estado de ánimo a largo plazo.

El pensamiento adaptativo fomenta la resiliencia.

El conocimiento de los factores desencadenantes ayuda a mantener el progreso.

Las herramientas cognitivas se generalizan más allá de las sesiones de terapia.

www.ingramcontent.com/pod-product-compliance
Lightning Source LLC
LaVergne TN
LVHW050653051026
849532LV00002B/626
* 9 7 9 8 2 3 3 2 4 7 0 8 8 *